Dich umarmen

Jenseits des Spiegelblicks

Von

Well-Being Publishing

An Sie,

Dankeschön!

Inhaltsverzeichnis

Einleitung

Stellen Sie sich vor, Sie betreten eine Welt, in der jeder Spiegel Ihr wahres, ungefiltertes Ich widerspiegelt - in der sich die Gobelins von Form und Größe zu einem Fest der Vielfalt verweben und nicht zu einer Hierarchie der Werte. Das ist der Kern unserer gemeinsamen Reise durch diese Seiten, auf der wir mit giftigen Mythen über Diäten aufräumen, die verworrenen Fäden der Körperscham zerpflücken und einen Wandteppich radikaler Selbstliebe zusammennähen. Betrachten Sie die vor Ihnen liegenden Kapitel nicht als ein Blättern, sondern als das Abziehen von Schichten auf einer lebendigen Leinwand, auf der Sie sowohl der Künstler als auch das Meisterwerk sind. Es geht nicht darum, sich den flüchtigen Trends anzupassen, die dir diktieren, wie du dich in Bezug auf deinen Körper fühlen sollst; es geht darum, deine Realität von innen heraus neu zu gestalten und anzuerkennen, dass du Akzeptanz und Liebe verdienst, so wie du bist. Lass dies deine Oase der Transformation sein, in der du lernst, wie du deine innere Stimme verstärken, deine Macht zurückgewinnen und in das Licht der Selbstakzeptanz treten kannst, das dein Geburtsrecht ist.

Kapitel 1:
Die Reflexion, die wir sehen

Stellen Sie sich vor, Sie stehen vor einem Spiegel und die kühle Oberfläche reflektiert ein Bild - ein Bild, das die Summe unzähliger Geschichten, Erfahrungen und, ja, Unsicherheiten ist, die sich an die Kurven und Winkel unseres Körpers klammern. Die Beziehung, die wir zu diesem Spiegelbild haben, kann kompliziert sein, manchmal sogar ein Schlachtfeld, auf dem unser innerer Kritiker mit Schwergewichten des Zweifels und der Unzufriedenheit zu Felde zieht. Also, lasst uns durchatmen. Es ist an der Zeit, diesen geladenen Blick auszupacken; lassen Sie uns analysieren, was diese Reflexion hinter der unmittelbaren Fassade verbirgt. Wir sehen nicht nur eine Zusammenstellung von Körperteilen oder eine Sammlung von Merkmalen, sondern eine Landkarte unserer Reise, einen Wandteppich unserer Triumphe und Prüfungen. Dieser visuelle Dialog zwischen Ihnen und Ihrem Spiegelbild ist nicht nur Ihre eigene Geschichte - er ist verwoben mit gesellschaftlichen Hinweisen und tief verwurzelten Wahrnehmungen. Aber hier ist Ihr Anker in diesem Meer der Reflexion: Sie sind der Kapitän dieses Schiffes. Ihre Selbstwahrnehmung ist ein Kompass, den Sie kalibrieren können. Es geht darum, ein Verständnis dafür zu entwickeln, dass Ihr Körper ein Verbündeter und kein Gegner ist. Wenn Sie sich also in die vor Ihnen liegenden Seiten vertiefen, denken Sie daran, dass es nicht darum geht, das Spiegelbild zu verändern - wir lernen, es in einem veränderten Licht zu sehen. Beginnen wir damit, die Schichten falscher Wahrheiten abzuschälen und eine Freundschaft mit der vertrauten Figur im Spiegel zu entfachen.

Körperbild verstehen steht in direktem Zusammenhang mit der Art und Weise, wie wir uns selbst sehen, nicht nur im Spiegel, sondern auch in den Gedanken und Vorstellungen, die in unserem Kopf herumschwirren. Es geht nicht nur um unser Spiegelbild, sondern auch um die Gefühle, Gedanken und Überzeugungen, die bei uns aufkommen, wenn wir über unseren Körper nachdenken. Und seien wir ehrlich, das ist nicht immer ein Kinderspiel. Jeden Tag werden wir mit einer Flut von Botschaften und Erwartungen darüber konfrontiert, wie unser Körper aussehen, sich anfühlen und funktionieren soll - und viele davon können ganz schön anstrengend sein.

Zunächst sollten wir klären, was der Begriff "Körperbild" wirklich bedeutet. Im Kern ist das Körperbild die Wahrnehmung, die Sie von Ihrem körperlichen Selbst haben, sowie die Gedanken und Gefühle, die sich aus dieser Wahrnehmung ergeben. Diese können positiv, negativ oder eine Mischung aus beidem sein. Es ist wichtig zu wissen, dass Ihr Körperbild nicht immer mit der Genauigkeit Ihres tatsächlichen Aussehens zusammenhängt; es ist stark von Ihren persönlichen Erfahrungen und gesellschaftlichen Einflüssen geprägt.

Warum ist das Körperbild also wichtig? Ganz einfach: Es kann sich auf jeden Aspekt Ihres Lebens auswirken. Wenn Sie ein gesundes Körperbild haben, fühlen Sie sich mit größerer Wahrscheinlichkeit selbstbewusst, widerstandsfähig und bereit, sich der Welt zu stellen. Auf der anderen Seite kann ein negatives Körperbild wie ein schwerer Anker wirken, der Ihr Selbstwertgefühl und Ihre Stimmung drückt und sogar die Art und Weise beeinflusst, wie Sie sich verhalten und sich selbst behandeln.

Es ist wichtig zu verstehen, dass Ihr Körperbild nicht in Stein gemeißelt ist. Es ist fließend und verändert sich, wenn Sie wachsen und sich in den verschiedenen Lebensabschnitten weiterentwickeln. Was Sie vielleicht überraschen wird, ist, dass es nicht zwangsläufig mit der Veränderung Ihres körperlichen Aussehens zusammenhängt - es geht genauso sehr darum, wie sich Ihre Wahrnehmung und Ihr Selbstgespräch entwickeln. Neue Erfahrungen, Umgebungen und die Menschen, mit denen Sie sich umgeben, können alle eine Rolle dabei spielen, Ihr Körperbild zu verändern.

Für viele können sich die Jugend und das junge Erwachsenenalter besonders wie ein Minenfeld anfühlen, wenn es um das Körperbild geht. Es ist eine Zeit, in der man herausfindet, wer man ist, und in der sich der eigene Körper schnell verändert, was sich manchmal überwältigend oder unangenehm anfühlen kann. In dieser Lebensphase geht es bei der Entwicklung eines positiven Körperbildes darum, diese Veränderungen anzunehmen und sich selbst mit Mitgefühl und Respekt zu behandeln.

Ein positives Körperbild zu kultivieren bedeutet auch zu erkennen, dass Ihr Körper zu so viel mehr fähig ist, als nur auf eine bestimmte Art und Weise auszusehen. Er ist das Gefäß, mit dem Sie das Leben erfahren - Ihre Fähigkeiten, Fertigkeiten und Talente, die Ihnen Freude und Erfüllung bringen. Nehmen Sie sich einen Moment Zeit, um all das zu würdigen, was Ihr Körper jeden Tag leistet: Er atmet, er bewegt sich, er empfindet und er ermöglicht es Ihnen, mit der Welt um Sie herum in Kontakt zu treten.

Ein weiterer wichtiger Aspekt für das Verständnis des Körperbildes ist das Erkennen der verzerrten Linsen, durch die es oft gesehen wird. Soziale Medien zum Beispiel können unsere Selbstwahrnehmung mit ihren endlosen Strömen von gefilterten und kuratierten Bildern vergrößern und verzerren. Es ist wichtig, sich selbst daran zu erinnern, dass viele dieser Bilder kein akkurates Abbild des täglichen Lebens sind - sie sind Highlight-Reels, die oft bearbeitet und für Likes und Shares optimiert wurden.

Eine der Grundlagen für ein gesünderes Körperbild ist die Übung von Achtsamkeit bei der Art und Weise, wie Sie Medien konsumieren. Fangen Sie an, sich zu fragen: Wie fühle ich mich bei diesem Inhalt in Bezug auf meinen Körper? Ertappe ich mich dabei, wie ich Vergleiche anstelle? Wenn Sie Medienkompetenz entwickeln, sind Sie besser in der Lage, schädliche Botschaften herauszufiltern und ein positives Selbstbild zu bewahren.

Es ist auch wichtig, über die Sprache zu sprechen, die wir verwenden, wenn wir über unseren Körper sprechen. Begriffe und Phrasen, die implizieren, dass es nur eine "richtige" Art und Weise gibt, auszusehen, können unglaublich schädlich sein. Diese Sprache kann auf subtile Weise die Vorstellung verstärken, dass wir so, wie wir sind, nicht gut genug sind, was nicht weiter von der Wahrheit entfernt sein könnte. Wenn wir uns für eine integrative und bestätigende Sprache entscheiden, kann dies dazu beitragen, das Bild zu verändern und die Vielfalt zu würdigen.

Beim Verständnis des Körperbildes geht es auch darum, die Vielfalt der Körpertypen zu verstehen. Die Gesellschaft versucht oft, uns alle in eine bestimmte Form zu pressen, aber der Mensch ist nicht dazu bestimmt, in eine bestimmte Größe zu passen. Alle einzigartigen Qualitäten unserer Körper zu akzeptieren ist eine schöne und notwendige Rebellion gegen eine Kultur, die nach einem homogenen Ideal strebt.

Es ist wichtig, die Mythen zu hinterfragen, die oft über das Körperbild verbreitet werden. Viele glauben, dass sie automatisch glücklicher oder erfüllter sind, wenn sie eine bestimmte Größe erreichen oder eine bestimmte Zahl auf der Waage sehen. Die Verfolgung dieser Ziele kann jedoch zu einem destruktiven Kreislauf führen und echtes Glück verhindern. Es ist vorteilhafter, sich auf das allgemeine Wohlbefinden zu konzentrieren, als willkürliche Normen zu erfüllen.

Der Aufbau eines positiven Körperbildes beginnt mit kleinen Schritten, die man jeden Tag unternimmt, z. B. indem man negativen Gedanken mit Freundlichkeit begegnet oder eine Liste mit Dingen erstellt, die man an sich selbst schätzt und die nichts mit dem Aussehen zu tun haben. Diese täglichen Praktiken können dazu beitragen, die Art und Weise, wie Sie über Ihren Körper denken, zu verändern und folglich auch, wie Sie sich selbst fühlen.

Wir müssen auch die Rolle der Dankbarkeit berücksichtigen, wenn es um unseren Körper geht. Indem wir uns auf die Dankbarkeit für die Funktionalität und Einzigartigkeit unseres Körpers konzentrieren und nicht nur auf das Aussehen, fördern wir eine tief verwurzelte Wertschätzung für uns selbst. Diese Verschiebung des Fokus kann Sie dazu ermutigen, Ihren Körper mit Sorgfalt und Respekt zu behandeln.

Schließlich geht es beim Verständnis des Körperbildes darum, anzuerkennen, dass jeder irgendwann mit diesen Problemen zu kämpfen hat. Sie sind nicht allein auf diesem Weg. Sich mit einer unterstützenden Gemeinschaft zu umgeben, die die unterschiedlichen Körper und Erfahrungen aller Menschen wertschätzt, kann eine unglaubliche Quelle der Stärke und des Trostes sein. Gemeinsam können wir ein Umfeld schaffen, das ein positives Körperbild und radikale Selbstliebe fördert.

Indem wir in dieses Gespräch über das Verständnis des Körperbildes eintauchen, legen wir die Grundlage für sachkundigere und ermächtigende Diskussionen in den folgenden Kapiteln. Wir werden erforschen, wie die Selbstwahrnehmung geformt wird, welche Rolle Kultur und Medien spielen und welche praktischen Schritte unternommen werden können, um sich selbst vollständig zu umarmen. Es ist an der Zeit, dass wir das Körperbild nicht als statisches Konzept betrachten, sondern als ein Tor zur Selbstentdeckung und Akzeptanz.

Selbstwahrnehmung erforschen - hier sind wir nun angelangt. Vielleicht klingt das nicht nach einem minutenlangen Nervenkitzel, aber glauben Sie mir, diese Reise durch Ihren eigenen Verstand und das Verständnis, wie Sie sich selbst sehen, ist bahnbrechend. Also lassen Sie uns eintauchen.

Sagen wir, Sie stehen vor einem Spiegel. Was sehen Sie? Warten Sie, antworten Sie nicht zu schnell. Was Sie tatsächlich sehen, ist nicht nur ein Spiegelbild. Es sind jahrelange Erfahrungen, das Geflüster der Leute um dich herum, die Hochglanzbilder auf deinem Insta-Feed - all das vermischt sich damit, wie du deinen Körper wahrnimmst.

Wie du dich selbst siehst - darum geht es bei der Selbstwahrnehmung. Und das ist keine statische Sache, sondern wird durch einen ständigen Strom von Gedanken und Gefühlen geprägt. Manchmal haben Sie das Gefühl, die Welt zu beherrschen, und Ihr Spiegel spiegelt das wider. An anderen Tagen scheint derselbe Spiegel etwas ganz anderes zu zeigen. Es ist, als ob er einen eigenen Willen hätte!

Aber die Sache ist die: Es ist nicht wirklich der Spiegel, sondern Sie sind es. Deine Selbstwahrnehmung ändert sich mit deiner Stimmung, deiner Umgebung und einer Million anderer Faktoren. Hatten Sie schon einmal einen Tag mit schlechter Frisur und hatten das Gefühl, dass Ihr ganzes Aussehen nicht stimmt? Das ist nur ein winziger Ausschnitt dessen, wie unbeständig die Selbstwahrnehmung sein kann.

Die Art und Weise, wie wir uns selbst sehen, verheddert sich oft in einem Netz von "sollte" und "sollte nicht". Diese heimtückischen kleinen Worte schleichen sich ein und beginnen, unsere Selbstwahrnehmung zu diktieren. Du solltest so aussehen, du solltest das nicht tragen, dein Körper sollte... du verstehst schon. Aber wer sagt denn, dass man so aussehen sollte?

Da kommt der Panzer der kritischen Selbstwahrnehmung gerade recht. Wenn du anfängst, diese "Sollen" zu zerpflücken und zu fragen, woher sie kommen, machst du Schritte, um deine Selbstwahrnehmung aus diesem chaotischen Netz zu befreien. Es geht darum, zu hinterfragen und tiefer zu graben.

Die eigene innere Erzählung zu verstehen ist wie der Schlüssel zum Königreich. Welche Geschichten erzählen Sie sich, wenn Sie in den Spiegel schauen? Sind sie freundlich? Unterstützend? Oder sind sie harsch und kritisch? Diese Geschichten bilden die Grundlage für Ihre Selbstwahrnehmung, und eine Änderung dieser Erzählung kann sich positiv auswirken.

Nun, nichts gegen Märchen, aber auf einen Zauberstab zu warten, der Ihre Selbstwahrnehmung in eine positive verwandelt, ist nicht der richtige Weg. An dieser Stelle kommt das Selbstgespräch ins Spiel. Stellen Sie sich vor, dass Sie das Drehbuch in Ihrem Kopf von einem skeptischen Kritiker zu einem aufmunternden besten Freund umdrehen. Klingt gut, oder?

Was wir tun, prägt auch unsere Selbstwahrnehmung. Ist Ihnen schon einmal aufgefallen, wie Sie sich fühlen, nachdem Sie eine schwierige Aufgabe gemeistert haben? Als würde Ihr Selbstwertgefühl einen kleinen Schub bekommen. Das zeigt uns, dass Handlungen wichtig sind. Die Dinge, mit denen man seine Zeit verbringt, die Hobbys, die man pflegt - sie alle prägen das Selbstbild.

Und es geht nicht nur darum, etwas zu tun, sondern auch darum, Kontakte zu knüpfen. Die Beziehungen, die man unterhält, und die Gesellschaft, in der man sich befindet, können die Selbstwahrnehmung stärken oder sie ins Wanken bringen. Wir neigen dazu, Teile davon aufzusaugen, wie andere uns sehen, oft ohne es zu merken.

Halten Sie inne und denken Sie darüber nach. Sind Sie von Menschen umgeben, die Sie verstehen und die Sie aufrichten? Oder ertappen Sie sich oft dabei, dass Sie der größte Fisch in einer Pfütze von Kritik sind? Es ist wichtiger, als Sie denken.

Körper verändern sich; sie wachsen, sie bekommen Falten, sie schwanken. Und auch Ihre Selbstwahrnehmung muss sich diesen Veränderungen anpassen. Es ist ein bisschen einfacher, sich in seiner Haut wohlzufühlen, wenn man lernt, auf den Wellen der Veränderung zu reiten, anstatt zu versuchen, die Gezeiten zu kontrollieren.

Und hey, wenn Sie sich Sorgen darüber machen, was die anderen denken, bedenken Sie Folgendes: Die meisten Leute sind zu sehr in ihren eigenen Selbstwahrnehmungstango vertieft, um sich lange mit Ihrer zu beschäftigen. Wir alle haben damit zu tun, jeder auf seine Weise.

Schließlich sollten Sie daran denken, dass Sie Ihre Selbstwahrnehmung selbst gestalten können. Sie können sich ein Bild von sich selbst machen, das so viel mehr ist als ein Spiegelbild. Es geht darum, die Person zu sehen, die Sie sind, mit all ihren Nuancen, und das ganze schöne Durcheinander zu umarmen.

Nehmen Sie sich also zum Abschluss dieses Kapitels einen Moment Zeit, um darüber nachzudenken, wie Sie sich selbst wahrnehmen. Versprechen Sie sich, ein wenig freundlicher und verständnisvoller zu werden. Erlauben Sie sich, menschlich zu sein, zu wachsen und sich zu entwickeln. Ihre Selbstwahrnehmung ist eine mächtige Sache - gehen Sie behutsam damit um.

Kapitel 2: Kultur und Spiegel

Beim Blick durch den Spiegel der Gesellschaft finden wir eine Kultur, die wie ein Spiegel unser Selbstbild reflektiert, verzerrt und oft auch formt. Wenn wir tiefer in diesen Wald vordringen, ist es wichtig zu erkennen, wie kulturelle Konstrukte als Spiegel fungieren und unsere Wahrnehmung durch ihre verzerrten Bilder verzerren. Diese Spiegelbilder sind alles andere als unschuldig, denn sie sind geprägt von gesellschaftlichen Normen, Erwartungen und einer unaufhörlichen Medienflut, die unser Selbstbild mit werbegesteuerten Idealen und mit Photoshop bearbeiteten Fantasien durcheinander bringt. Dieses allgegenwärtige Trugbild, das im Gegensatz zur rauen Wirklichkeit unserer vielfältigen Formen steht, fördert Unsicherheiten und Körperscham. Es liegt jedoch in unserer Hand, diesen Spiegel zu polieren und uns selbst durch eine Linse des Mitgefühls und der Wahrheit zu betrachten, statt durch Kritik und Konformität. Um die verzerrten Botschaften einer von Bildern besessenen Welt zu zerstören, bedarf es einer kräftigen Dosis kritischen Denkens und eines robusten Schildes der Selbstliebe, aber glauben Sie mir - das Spiegelbild, das Sie persönlich gestalten und sich zu eigen machen, ist stark genug, um diese illusorischen Standards ein für alle Mal zu zerstören.

Die Rolle der Medien für das Körperbild strömt wie ein unaufhörlicher Strom in unser Leben; es ist überall, wohin wir schauen, nicht wahr? Von dem Moment an, in dem wir durch unsere morgendlichen Feeds scrollen, bis zum letzten Video, das wir uns vor dem Schlafengehen ansehen, formen die Medien unsere

Wahrnehmung und diktieren uns im Stillen "Ideale", die sich in unserer Psyche festsetzen. Sie spielen eine große Rolle dabei, wie wir unseren Körper sehen, und das kann in der Tat eine schwere Last sein.

Durch diese Welt zu navigieren, in der perfekt kuratierte Bilder von Schönheit allgegenwärtig sind, ist wie ein Gang durch ein Labyrinth mit Spiegeln an jeder Ecke, die nur einen Körpertyp widerspiegeln, der nur selten ein echtes Abbild der Vielfalt ist, die wir im echten Leben sehen. Wenn wir tagtäglich mit diesen engen Darstellungen konfrontiert werden, ist es nicht nur schwer - es ist anstrengend - uns nicht mit diesen oft unerreichbaren Standards zu vergleichen. Und es geht nicht nur um die Fotos, sondern auch um die subtilen Botschaften in Fernsehsendungen, Filmen, Anzeigen und sogar in den Nachrichten, die suggerieren, dass es nur einen Weg gibt, einen "guten" Körper zu haben.

Lassen Sie uns tiefer eintauchen. Denken Sie an die Werbung, die Sie sehen. Sie verkaufen nicht nur ein Produkt, sondern auch eine Sehnsucht, einen Traum davon, wer Sie sein könnten, wenn Sie nur das hätten, was sie anbieten. Es ist, als ob sie sagen würden: "Diese Lotion oder dieser Diätplan oder diese Trainingsausrüstung? Das ist dein Ticket zu Akzeptanz und Schönheit. Das spielt mit Unsicherheiten, die oft von den Medien selbst genährt werden, und es ist ein Kreislauf, aus dem man sich nur schwer befreien kann.

Das ist nicht nur eine leere Spekulation. Es gibt Studien, die den Kontakt mit idealisierten Körperbildern in den Medien mit Unzufriedenheit und einem negativen Körperbild bei jungen Menschen in Verbindung bringen. Das bedeutet, dass die endlose Parade von gephotoshoppten Körpern und unmöglich proportionierten Models nicht harmlos ist - sie hat reale, spürbare Auswirkungen darauf, wie man sich selbst sieht, wenn man in den Spiegel schaut.

Aber hey, es ist nicht alles schlecht und düster. Bewusstheit ist der erste Schritt zur Veränderung, und die gute Nachricht ist, dass wir jetzt darüber reden. Wir ziehen den Vorhang zurück und erkennen, dass so vieles in den Medien eine sorgfältig konstruierte Illusion ist. Wenn wir diese Bilder analysieren und die Arbeit verstehen, die hinter ihrer Entstehung steckt - Licht, Kamera, Action und eine ganze Menge Bearbeitung - können wir anfangen, unser Selbstwertgefühl von dem, was wir auf dem Bildschirm sehen, zu distanzieren.

Nicht zu vergessen sind die sozialen Medien - sie sind ein Ungetüm für sich. Plattformen wie Instagram werden oft zu Highlights im Leben der Menschen, die die besten Momente und die schmeichelhaftesten Blickwinkel zeigen. Dabei vergisst man nur allzu leicht, dass diese Schnappschüsse nicht die ganze Geschichte erzählen. Wir vergleichen unsere Patzer hinter den Kulissen mit den Glanzlichtern der anderen, und wie könnte das unsere Sicht auf unseren Körper nicht verzerren?

Aber - und hier gibt es ein großes Aber - wir sehen auch Bewegungen und Gemeinschaften, die sich online gegen diese schädlichen Standards wehren. Body-Positive-Aktivisten, Accounts, die jeden Körpertyp umarmen, und Hashtags, die echte, unbearbeitete Fotos feiern. Das sind Leuchttürme, die die Schönheit der Vielfalt menschlicher Körper zeigen und uns ermutigen, unsere eigenen einzigartigen Formen anzunehmen.

Was bedeutet das alles für Sie? Nun, Sie haben die Macht. Sie haben die Macht, die Medien zu wählen, die Sie konsumieren und mit denen Sie sich beschäftigen. Sie können Menschen folgen, die Ihnen ein gutes Gefühl geben, Ihre Feeds so gestalten, dass sie Vielfalt und Positivität enthalten, und Ihre Stimme nutzen, um Authentizität zu feiern. Jedes Mal, wenn du bei einer unrealistischen Werbung die Augen verdrehst und dich für Selbstliebe entscheidest, wehrst du dich gegen die Flut.

Zudem sollten wir über die Repräsentation sprechen. Die Dinge ändern sich - zwar langsam, aber immerhin. Immer mehr Marken zeigen ein breiteres Spektrum an Körpertypen, Hautfarben, Alter, Fähigkeiten und Geschlechtsausdrücken. Das ist deshalb so wichtig, weil wir, wenn wir uns in den Medien, die wir konsumieren, widergespiegelt sehen, die Vorstellung verstärken, dass auch wir es wert sind, so geliebt und akzeptiert zu werden, wie wir sind.

Unterschätzen Sie nicht den Welleneffekt der Veränderung. Jede Person, die sich entscheidet, schädliche Medienstandards abzulehnen und eine körperfreundliche Perspektive einzunehmen, trägt zur Dynamik bei. Gemeinsam können wir eine Welle erzeugen, die an den Grundfesten der Schönheitsnormen rütteln kann, die uns zu lange eingeengt haben.

Dies ist kein Aufruf, alle Medien zu meiden - ganz im Gegenteil. Medien können ein leistungsfähiges Instrument für Beziehungen, Kreativität und sogar Selbstdarstellung sein. Es geht darum, aufmerksame Medienkonsumenten zu werden, die Inhalte zu hinterfragen, die uns präsentiert werden, und nach Botschaften zu suchen, die aufbauend und nicht abwertend sind.

Erinnern Sie sich daran, dass Sie damit nicht allein sind. Wir befinden uns auf einer kollektiven Reise, auf der wir einen Paradigmenwechsel herbeiführen und unsere Macht über unsere Selbstwahrnehmung zurückgewinnen wollen. Wir sind mehr als das, was die Medien darstellen, und unsere Körper sind zu wunderbar komplex, um durch die enge Linse eines anderen definiert zu werden.

Zusammenfassend lässt sich sagen, dass die Medien eine wichtige Rolle bei der Gestaltung des Körperbildes spielen, aber wir sind nicht nur passive Rezipienten. Wir sind aktive Teilnehmer, und jeden Tag treffen wir Entscheidungen, die den Status quo entweder verstärken oder in Frage stellen. Wählen wir also aus, kuratieren und feiern wir

Medien, die alle Körper ehren und uns dabei helfen, eine liebevolle Beziehung zu uns selbst zu pflegen.

Indem wir gemeinsam unsere individuellen Medienlandschaften umgestalten, verändern wir nicht nur unser Selbstbild, sondern beeinflussen auch das breitere kulturelle Verständnis von Schönheit - ein Verständnis, das alle einschließt, vielfältig ist und uns viel Kraft gibt. Das ist eine Welt, die es wert ist, angestrebt zu werden, finden Sie nicht auch?

Gesellschaftliche Normen und ihre Auswirkungen - lassen Sie uns darüber sprechen. Die Gesellschaft hat seit langem dieses Skript darüber, was schön ist, was akzeptabel ist und welche Art von Körper wir alle anstreben sollten. Wenn man in Geschichtsbüchern blättert oder durch Instagram-Feeds scrollt, erhält man diese enge Perspektive der Schönheitsstandards, in die, seien wir ehrlich, die meisten von uns von Natur aus nicht passen. Und genau hier setzt die Wirkung ein - diese Normen sind nicht nur passiv, sondern prägen aktiv die Art und Weise, wie wir uns selbst und andere sehen.

In einer Welt, in der es von Bildern gephotoshoppter Perfektion nur so wimmelt, tappt man leicht in die Falle zu denken, dass dies die Norm ist. Vergessen Sie nicht, dass diese Bilder oft eine Erfindung sind, eine ausgefeilte Idee, die aus der Vorstellung von jemandem entstanden ist, was "sein sollte". Die Auswirkungen auf unsere Selbstwahrnehmung können schwerwiegend sein; wir fangen an, uns an unmögliche Standards zu halten. Das ist so, als würde man im wirklichen Leben eine Photoshop-Bearbeitung anstreben - das ist nicht nur unpraktisch, sondern unmöglich.

Der Druck ist nicht nur visuell, sondern auch verbal und emotional. Überlegen Sie mal: Wie oft haben Sie schon gehört, dass jemand gesagt hat, Sie müssten abnehmen, Ihre Frisur ändern oder sogar Ihren Körper in irgendeiner Weise verändern, um "akzeptabler" zu sein? Diese Erwartungen stapeln sich und bilden eine Mauer zwischen dem, was wir sind, und dem, was wir denken, dass wir sein sollten. Und diese Mauer besteht aus Ziegeln der Unzufriedenheit und der Selbstzweifel.

Lassen Sie uns nun tiefer eintauchen. Was passiert, wenn sich diese gesellschaftlichen Normen fest in den Boden eingraben? Nun, viele von uns enden auf einer ständigen Diät, auf der Jagd nach einer Größe oder Form, die das Glück gleich um die Ecke verspricht. Diese Jagd ist anstrengend und führt uns oft davon ab, die unglaublichen Dinge zu schätzen, die unser Körper in dieser Sekunde leisten kann. Unser Körper ist ein Wunderwerk - er hält uns am Leben, ermöglicht es uns, die Welt zu erleben, Freude zu empfinden und erstaunliche Dinge zu tun - und doch wird er oft auf eine Ästhetik reduziert, die wir uns wünschen sollen.

Für diejenigen, die sich als weiblich identifizieren, kann der Druck sogar noch größer sein. Von klein auf werden Mädchen mit Botschaften überflutet, dass ihr Wert an ihr Aussehen gebunden ist. Dieses Narrativ ist nicht nur lästig, sondern auch giftig. Es verlagert den Schwerpunkt von der Entwicklung der Persönlichkeit auf die Entwicklung eines Aussehens, das anderen gefällt - das heißt, bis wir beschließen, diese ermüdende Geschichte zu ändern und unsere eigene zu schreiben.

Sieh dir das an - die Auswirkungen der gesellschaftlichen Normen sickern in jeden Winkel des Lebens. Sie beeinflussen die Jobs, auf die wir uns bewerben können, die Kleidung, die wir wählen, und sogar die Hobbys, denen wir nachgehen. Sie können uns in den Augen der Gesellschaft sichtbar oder unsichtbar machen, und das ist, seien wir ehrlich, eine ziemlich schwere Last, die wir zu tragen haben. Das Bedürfnis, sich anzupassen, kann die Freude an der Authentizität in den Hintergrund drängen. Aber hier ist das Gegenmittel: Bewusstsein und Widerstand. Wenn man sich dieses Drucks bewusst ist und den

Mut hat, ihm zu widerstehen, kann man anfangen, die Last zu erleichtern.

Vergessen wir die Männer in diesem Gespräch nicht. Männer spüren zunehmend den Druck der gesellschaftlichen Erwartungen. Mit der zunehmenden Darstellung hyper-muskulöser Körperformen und der Botschaft, dass Emotionen hinter einer stoischen Maske versteckt werden sollten, kämpfen auch Männer mit Fragen des Körperbildes. All dieser Druck, stark und gefühllos zu erscheinen, ist schlichtweg schädlich und fördert eine Entfremdung von sich selbst und anderen.

Das bringt uns zur Vielfalt - oder dem Fehlen derselben - in diesen gesellschaftlichen Normen. Wenn nur bestimmte Körpertypen gefeiert werden, sendet das eine starke, aber schädliche Botschaft darüber aus, wer es verdient, gesehen und geschätzt zu werden. Es schließt so viele reiche, schöne Formen der menschlichen Existenz aus. Beim Feiern der Vielfalt geht es nicht nur um Fairness, sondern auch darum, die Vorstellung davon zu erweitern, was schön, stark, vorteilhaft und letztlich möglich ist.

Und ja, es hat seinen Preis, sich den gesellschaftlichen Erwartungen anzupassen. Die unaufhörliche Jagd nach Akzeptanz durch unseren Körper fordert ihren Tribut an unseren geistigen Frieden. Es ist wie bei einem Rennen, bei dem die Ziellinie immer weiter weg ist. Jedes Mal, wenn man glaubt, dem gesellschaftlichen Gütesiegel nahe zu sein, verschieben sich die Normen, und der Kreislauf der Unzufriedenheit beginnt von neuem.

Wie steht es nun um die Inklusion? Denken Sie an die Menschen, die aus verschiedenen Gründen nicht in die von der Gesellschaft vorgegebene Form passen. Menschen mit Behinderungen, Menschen, die Teil der LGBTQ+-Gemeinschaft sind, oder Menschen verschiedener Ethnien und Größen - wo stehen sie in diesem Bild? Allzu oft schließen die gesellschaftlichen Normen diese lebendigen

Gemeinschaften aus und verleugnen die Schönheit und den Wert, den sie in das menschliche Gefüge einbringen.

Aber hey, in der Menge liegt die Kraft, und gemeinsam können wir uns auf eine Gesellschaft zubewegen, die alle Körper willkommen heißt. Es geht darum, die Diskussion von der Anpassung unserer Körper an die Norm auf die Anpassung der Norm an unsere Körper zu verlagern. Jedes Mal, wenn wir eine andere Form, Größe, Farbe oder Fähigkeit feiern, legen wir den Grundstein für eine integrativere und akzeptierende gesellschaftliche Sichtweise.

Lassen Sie uns über das globale Dorf sprechen. Da die Welt so vernetzt ist, werden wir von allen Seiten mit Schönheitsnormen bombardiert. Manchmal stehen sie im Widerspruch zueinander, manchmal überschneiden sie sich, aber oft verstärken sie dasselbe alte Narrativ - es gibt einen "richtigen Weg", um auszusehen. Es ist wichtig anzuerkennen, dass Schönheit vielfältig ist, und es ist von entscheidender Bedeutung anzuerkennen, dass es keinen einzigen Entwurf für einen "idealen Körper"

Wenn wir uns diese Vorstellung von einer globalen Gemeinschaft zu eigen machen, können wir erkennen, wie die Auseinandersetzung mit verschiedenen Kulturen und ihren einzigartigen Schönheitsstandards unsere Perspektive bereichern kann. Wenn wir unsere Augen für die unterschiedlichen Definitionen von Schönheit in der Welt öffnen, kann uns das helfen, die engen Vorstellungen, mit denen wir gefüttert wurden, zu überwinden. Indem wir uns mit einer Vielzahl von Ansichten auseinandersetzen, beginnen wir, den Monolithen der gesellschaftlichen Erwartungen zu zertrümmern.

Nun gut, atmen Sie durch. Ich weiß, das ist eine Menge, was Sie da hören. Gesellschaftliche Normen können wie eine riesige Welle auf uns zukommen, die unser Selbstwertgefühl wegspülen will. Aber denken Sie daran, dass Wellen sich brechen und wieder zurückgehen. Gesellschaftliche Normen sind nicht in Stein gemeißelt; sie entwickeln sich weiter, und das können auch wir. Unsere Rolle bei diesem Wandel beginnt damit, dass wir diese Normen in unserem eigenen Leben hinterfragen, herausfordern und schließlich neu definieren. Du bist mehr als ein Körpertyp, mehr als ein gesellschaftlicher Gütesiegel - du bist unendlich vielfältig und einzigartig.

Wie geht es nun weiter? Nun, der erste Schritt besteht darin, die Auswirkungen dieser gesellschaftlichen Normen zu erkennen. Von da an geht es um kleine, konsequente Taten der Selbstliebe und radikalen Akzeptanz. Wenn wir daran arbeiten, unseren Körper so zu lieben, wie er ist, steigen wir aus dem Wettlauf um äußere Bestätigung aus. Wir beginnen, den Wert unserer Gedanken, unserer Handlungen und unseres Charakters zu erkennen - und genau darin liegt die wahre Schönheit. Es geht darum, das Drehbuch umzudrehen, unsere Unterschiede zu feiern und die Schönheit im Echten, Unverfälschten, Einzigartigen zu finden.

Am Ende sollten Sie sich daran erinnern, dass Sie auf Ihrem Weg nicht allein sind. Hinter jeder Ecke gibt es Stimmen, die sich dem Chor anschließen, um diese müden, engen Normen auf den Kopf zu stellen. Mit jeder Person, die sich der Schönheit der Vielfalt bewusst wird, kommen wir einer Gesellschaft einen Schritt näher, die Menschen für das schätzt, was sie sind, und nicht für die Körper, die sie bewohnen. Lassen Sie uns diese Reise mit offenem Herzen und Verstand antreten, in dem Wissen, dass unsere gemeinsamen Bemühungen Wellen schlagen können und werden.

Kapitel 3: Der Mythos des perfekten Körpers

Wenn wir das Kaleidoskop der Kultur und der Spiegel, die unsere Wahrnehmung färben, durchblättern, müssen wir uns eingestehen, dass der "perfekte Körper" ein Mythos ist, so flüchtig wie eine Fata Morgana an einem heißen Tag. Er ist eine gesellschaftliche Fiktion, die uns geschickt eingebläut wurde, so dass wir einem Standard hinterherlaufen, der sich nicht nur bewegt, sondern ganz und gar verschwindet, wenn man es wagt, genauer hinzusehen. Es ist jedoch verlockend, an die Existenz dieser einzigartigen Form der körperlichen Perfektion zu glauben, nicht wahr? Aber hier kommt der Clou: Unsere Körper sind so unterschiedlich wie unsere Persönlichkeiten, und die Vielfalt unserer körperlichen Formen ist ein Zeugnis für die wundersame Komplexität des Lebens. In Wirklichkeit geht es nicht darum, ein bestimmtes Aussehen zu erreichen, sondern darum, die unzähligen Möglichkeiten zu schätzen, mit denen unser Körper uns unterstützt, ausdrückt, wer wir sind, und uns ermöglicht, die Welt um uns herum zu erleben. Also lasst uns eintauchen, die unterdrückenden Mythen abbauen, die unser Selbstwertgefühl bestimmen, und die Fahne der Körpervielfalt mit Stolz hochhalten, denn ehrlich gesagt gibt es nichts Befreienderes, als den eigenen Körper als das unglaubliche Gefäß zu feiern, das er ist.

Die Entlarvung der Diätkultur ist zu einem wichtigen Schritt auf dem Weg zu einem gesünderen Verhältnis zu unserem Körper und zum Essen geworden. Es scheint, als gäbe es überall einen neuen Diät-Trend, der schnellen Gewichtsverlust und ein Leben in Glückseligkeit verspricht, sobald wir die idealisierte Zahl auf der Waage erreicht haben. Aber Moment mal, geht es denn wirklich darum, sich zu ernähren und zu essen? Und halten diese Diäten, was sie versprechen, oder führen sie uns auf einen Weg der Frustration und der Selbstzweifel? Schauen wir uns die Mythen, die uns die Diätkultur verkauft hat, einmal genauer an und stellen sie in Frage.

Zunächst einmal ist die Vorstellung, dass man schlanker sein muss, um glücklicher und gesünder zu sein, eine Kernbotschaft der Diätkultur. Dieses Narrativ ignoriert die unzähligen Möglichkeiten, wie unsere Körper über ein Spektrum von Formen und Größen hinweg gesund sein können. Anstatt einen bestimmten Körpertyp zu propagieren, sollten wir uns darauf konzentrieren, wie sich unser Körper wohlfühlt und wie er funktioniert. Es geht nicht darum, in eine bestimmte Form zu passen, sondern zu erkennen, wie energiegeladen und vital wir uns fühlen können, wenn wir uns so ernähren und bewegen, wie es unseren individuellen Bedürfnissen entspricht.

Dann ist da noch das Konzept der "Willenskraft", das die Diätkultur verherrlicht. Es suggeriert, dass unser Wert und unser Erfolg von unserer Fähigkeit abhängen, restriktive Essgewohnheiten einzuhalten. Aber offen gesagt, ist dies ein unrealistischer und schädlicher Ansatz. Essen ist nicht nur Treibstoff, es ist auch ein Fest, eine Kultur und ein Trost. Wir brauchen ein Gleichgewicht, das die emotionale und soziale Bedeutung des Essens anerkennt, anstatt es als Charaktertest zu betrachten.

Es ist auch wichtig zu erkennen, dass Diäten selten langfristig funktionieren. Sicherlich kann es anfangs zu einem schnellen Gewichtsverlust kommen, aber die Forschung weist auf eine ernüchternde Tatsache hin: Die meisten Menschen nehmen das Gewicht, das sie verloren haben, wieder zu, und oft noch mehr. Dieser Jo-Jo-Effekt ist nicht nur entmutigend, sondern kann sich auch negativ auf die körperliche und emotionale Gesundheit auswirken. Body

Positivity lädt uns ein, aus dieser Tretmühle auszusteigen und stattdessen Stabilität und Selbstfürsorge anzustreben.

Essen sollte intuitiv sein und nicht von einem strengen Regelwerk gesteuert werden. Unser Körper hat eine unglaubliche Fähigkeit, Hunger und Sättigung zu signalisieren, wenn wir lernen, darauf zu hören. Die Diätkultur übertönt oft diese innere Weisheit, was zu einer Entfremdung von unserem eigenen Körper führt. Wenn wir die Diätmentalität ablegen, fangen wir an, wieder Vertrauen in unsere Fähigkeit zu fassen, uns ohne Schuldgefühle oder Ängste zu ernähren.

Viele Diäten beruhen auf der Prämisse der Entbehrung, aber Einschränkung kann zu Besessenheit und Fressattacken führen. Es ist eine natürliche psychologische Reaktion, das zu wollen, was wir nicht haben dürfen. Indem wir uns erlauben, eine Vielzahl von Lebensmitteln ohne Scham zu genießen, minimieren wir den Effekt der "verbotenen Früchte" und fördern einen gesünderen, nachhaltigeren Ansatz beim Essen.

Körperpositivität räumt auch mit dem Mythos auf, dass jeder einen bestimmten Körpertyp erreichen kann, wenn er nur hart genug arbeitet. Dieser heimtückische Glaube kann zu schädlichen Vergleichen und unrealistischen Erwartungen führen. Die Wahrheit ist, dass wir alle unterschiedliche genetische Baupläne haben. Körpervielfalt ist eine schöne Realität, nicht ein Versagen von Anstrengung oder Disziplin. Wir müssen lernen, die einzigartige Schönheit in uns selbst und in anderen zu schätzen.

Die Diätkultur propagiert oft schnelle Lösungen, aber jeder Ernährungsberater oder Gesundheitsexperte wird Ihnen sagen, dass wahre Gesundheit kein Ziel ist; es ist eine kontinuierliche Reise ohne Abkürzungen. Indem Sie sich Gewohnheiten aneignen, die Ihren Körper und Ihren Geist nähren, anstatt einer vorübergehenden Lösung hinterherzujagen, legen Sie den Grundstein für ein dauerhaftes Wohlbefinden.

Den finanziellen Aspekt der Diätkultur können wir ebenfalls nicht ignorieren. Die Industrie nutzt Unsicherheiten aus und preist Produkte und Programme an, die oft mit einem hohen Preis verbunden sind. Es ist jedoch unnötig, sein hart verdientes Geld für diese Trends auszugeben. Die Investition in gesunde, nahrhafte Lebensmittel und in körperliche Aktivitäten, die Ihnen Spaß machen, kann weitaus wirtschaftlicher und lohnender sein.

Und lassen Sie uns nicht die Moralisierung der Lebensmittelauswahl übersehen, die der Diätkultur innewohnt. Durch die Einstufung von Lebensmitteln als "gut" oder "schlecht" wird das Essen mit unnötigen Schuldgefühlen belegt. Lebensmittel sind moralisch neutral; sie haben nicht die Macht, unseren Wert zu definieren. Geben wir uns selbst die Erlaubnis, eine Vielzahl von Lebensmitteln in Maßen zu genießen, ohne uns dafür schämen zu müssen.

Ein weiterer schädlicher Aspekt der Diätkultur ist die Assoziation von Schlankheit mit Gesundheit. Dies ignoriert die Tatsache, dass es Gesundheit in allen Größen gibt und dass das Gewicht nicht das entscheidende Kriterium für Wohlbefinden ist. Gesundheit hat viele Facetten und umfasst den geistigen, emotionalen und körperlichen Zustand - es geht nicht nur um die Zahlen auf der Waage.

Der Gruppenzwang und die sozialen Medien verstärken die Diätkultur noch, indem sie ständig Highlights von so genannten "perfekten" Körpern und Essgewohnheiten zeigen. Aber denken Sie daran, dass Sie nur einen Schnappschuss sehen, oft einen unrealistischen oder veränderten, und nicht die ganze Geschichte. Haben Sie den Mut, Ihre eigenen Maßstäbe für Gesundheit und Schönheit zu definieren, anstatt diese oft unerreichbaren Ideale zu konsumieren und sich mit ihnen zu vergleichen.

Nicht nur körperlich, sondern auch geistig kann die Diätkultur verheerende Auswirkungen auf unser Wohlbefinden haben. Der endlose Kreislauf aus Diäten, Misserfolgen und Selbstvorwürfen kann zu einer toxischen Denkweise führen und uns die Freude am Leben nehmen. Wenn Sie mit der Diätkultur brechen, beginnen Sie eine neue, gesündere Beziehung zum Essen - eine Beziehung, in der Ernährung, Achtsamkeit und Freude im Vordergrund stehen.

Schließlich sollte man sich bewusst machen, dass der Weg weg von der Diätkultur nicht immer linear verläuft. Es wird Tage geben, an denen alte Gewohnheiten und Denkmuster wieder auftauchen. Das ist in Ordnung. Jeder Moment ist eine Gelegenheit, sich für Selbstmitgefühl zu entscheiden und sein Engagement für ein positives Körpergefühl zu bekräftigen.

Bei dieser Entlarvung geht es nicht darum, mit dem Finger auf andere zu zeigen oder sich für vergangene Diätversuche schlecht zu fühlen. Es geht um Ermächtigung, Verständnis und darum, uns die Augen für ein Leben zu öffnen, das nicht an das schwer fassbare Versprechen des perfekten Körpers gebunden ist. Es geht darum, einen Lebensstil zu wählen, der sich gut anfühlt, der nachhaltig ist und der das einzigartige und wunderbare Wesen, das du bist, feiert. Lassen Sie uns also unsere Essgewohnheiten und unser Körperbild mit Freundlichkeit, Achtsamkeit und einer Prise Rebellion gegen die weit verbreiteten Mythen der Diätkultur angehen. Dein Körper ist kein Projekt; er ist ein Zuhause, das Respekt und Liebe verdient, in jeder Form, die es annimmt.

Die Vielfalt der Körperformen Wenn wir uns weiter mit dem Thema Körperfreundlichkeit befassen, sollten wir uns einen Moment Zeit nehmen, um die unglaubliche Vielfalt der Körper zu betrachten, die es auf dieser Welt gibt. So wie jeder Fingerabdruck einzigartig ist, ist es auch die Körperform eines jeden Menschen. Unsere Körper sind so vielfältig wie das Leben, das wir führen. Jeder von ihnen ist durch eine komplexe Mischung aus Genetik, Lebensstil, Kultur und unzähligen anderen Faktoren geprägt.

Haben Sie schon einmal bemerkt, dass Geschwister innerhalb einer Familie völlig unterschiedliche Körpertypen haben können? Das liegt daran, dass es keine Einheitsgröße für unseren Körper gibt. Einige von uns sind groß, andere klein. Manche haben Kurven, die wie ein Fluss fließen, während andere eine geradere Form haben. Muskelaufbau, Knochendichte und sogar die Art und Weise, wie unser Körper Fett speichert - all diese Elemente tragen zur Vielfalt der Körperformen bei.

Betrachten Sie einen Moment lang die Vielzahl der Körperformen, die in verschiedenen Zeiten und Kulturen verehrt werden. Was in einer Epoche oder Gemeinschaft als ideale Form gefeiert wird, wird in einer anderen vielleicht nicht auf dieselbe Weise gesehen. Diese Erkenntnis ist von entscheidender Bedeutung, da sie die Vorstellung von einer einzigen, universell perfekten Körperform in Frage stellt - eine Vorstellung, die vielen von uns so viel Kummer bereitet hat, weil wir versuchen, in eine unerreichbare Form zu passen. Befreien wir uns von dieser engen Sichtweise und fangen wir an, die große menschliche Vielfalt zu schätzen, die alle Körpertypen umfasst.

Wenn wir über die Vielfalt der Körperformen sprechen, erkennen wir auch an, wie unsere persönlichen Geschichten in unser Fleisch und unsere Knochen eingewoben sind. Sportler haben vielleicht einen muskulöseren Körperbau; Tänzer können lange, schlanke Muskeln haben. Menschen, die körperliche Arbeit verrichten, haben vielleicht schwielige Hände und robuste Formen. Und dann gibt es Menschen, die aufgrund von Krankheiten oder genetischer Veranlagung von dem abweichen, was manche als "normal" bezeichnen - und auch sie sind Teil dieser schönen Vielfalt.

Körperformvielfalt ist nicht nur eine nette Floskel - sie ist ein grundlegender Eckpfeiler der Körperfreundlichkeit. Wenn wir jeden einzigartigen Körper respektieren und wertschätzen, schließen wir die Tür zu unfairen Vergleichen und eröffnen eine Welt der Selbstakzeptanz. Es geht darum, in den Spiegel zu schauen und zu erkennen, dass die eigene Körperform nicht über den Wert oder die Fähigkeiten eines Menschen entscheidet. Vielmehr ist sie ein Teil der bemerkenswerten Geschichte, die du bist.

Manchmal kann es schwierig sein, den eigenen Körpertyp zu schätzen, vor allem, wenn wir mit Botschaften bombardiert werden, die uns suggerieren, dass es nur einen Weg gibt, "richtig" oder "schön" auszusehen. Aber die Wahrheit ist, dass Ihr Körper, genau so wie er jetzt ist, ein idealer Lebensraum für Ihren Geist ist. Er trägt Sie durchs Leben, ein treuer Begleiter auf Ihrer Reise.

Wenn Sie das nächste Mal an einem überfüllten Ort sind, schauen Sie sich um. Beobachten Sie die Vielfalt der Körper und überlegen Sie, wie perfekt jeder für den Menschen ist, zu dem er gehört. Denken Sie an die Geschichten, die diese Körper erzählen könnten. Diese Übung kann Ihnen helfen zu erkennen, wie begrenzt und unrealistisch die Darstellungen von Körpertypen in den Medien tatsächlich sind.

Was wäre, wenn wir unseren Fokus von dem, was die Gesellschaft uns als "ideal" vorgibt, abwenden und stattdessen unsere eigene einzigartige Form feiern würden? Was wäre, wenn wir anfangen würden, unseren Körper als etwas Natürliches und Wunderbares zu sehen, genau wie eine Landschaft - jeder Hügel, jedes Tal, jeder Fluss und jede Ebene, die von den Kräften der Natur geschaffen wurden, um ein einzigartiges Panorama zu schaffen? Unseren individuellen Körperbau zu akzeptieren, kann ungeheuer befreiend sein.

Es ist auch ermutigend, sich daran zu erinnern, dass sich Körper im Laufe der Zeit verändern. Er entwickelt sich genauso weiter wie unsere Persönlichkeit und unsere Weltanschauung. Anstatt uns von diesen körperlichen Veränderungen frustrieren zu lassen, können wir lernen, sie mit Zärtlichkeit und Sorgfalt zu betrachten und sie als Zeichen eines erfüllten Lebens anzuerkennen.

Zudem bedeutet die Anerkennung der Vielfalt der Körperformen, dass wir alle unterschiedliche gesundheitliche Bedürfnisse und Einschränkungen haben. Es geht darum, zu verstehen, dass die beste Art und Weise, unseren einzigartigen Körper zu pflegen, nicht unbedingt dieselbe ist wie die eines anderen Menschen. Die individuellen Bedürfnisse unserer Körper sind so unterschiedlich wie ihre Formen, und diese Bedürfnisse zu respektieren ist ein Akt der Selbstliebe und des Respekts.

Diese Vielfalt ist der Schlüssel, um die giftigen Botschaften zu entschärfen, die lange Zeit diktiert haben, wie wir uns in Bezug auf unsere Körper fühlen sollten. Wenn wir die Einzigartigkeit jedes Körpers anerkennen und feiern, stellen wir die schädlichen Stereotypen und Mythen in Frage, die in unserer Gesellschaft keinen Platz haben.

Indem wir die Vielfalt unserer Körper feiern, öffnen wir auch die Tür zu einer inklusiveren Welt, in der die körperliche Form eines jeden anerkannt und respektiert wird. Dieser integrative Ansatz ermutigt uns, uns gegenseitig auf unserem individuellen Weg zur Körperfreundlichkeit zu unterstützen, was weitaus lohnender ist, als allein danach zu streben.

Am Ende dieses Abschnitts wollen wir uns daran erinnern, dass unsere Körperformen so grenzenlos sind wie die Sterne am Himmel - unmöglich zu zählen, unmöglich zu kategorisieren und unermesslich schön. Lassen Sie diesen Gedanken auf sich wirken und werden Sie zu einem Leuchtturm der Ermutigung. Die Form Ihres Körpers ist etwas Besonderes - nicht trotz seiner Unterschiede, sondern gerade deswegen. Nehmen Sie ihn an, lieben Sie ihn, und gehen Sie selbstbewusst in unvergleichlicher und vielfältiger Schönheit voran.

Kapitel 4: Stimmen, die uns formen

Nachdem wir die gesellschaftlichen Erwartungen durchforstet und die Mythen über den so genannten perfekten Körper entlarvt haben, ist es an der Zeit, uns der Symphonie der Stimmen zuzuwenden, die den Hintergrund für unsere persönlichen Erzählungen bilden. In diesem Kapitel tauchen wir in die intimen Chöre unseres Lebens ein: unsere Familien, deren beiläufige Kommentare über unsere Teller oder unsere Hosengröße vielleicht härter sind als der hartnäckigste Kaugummi; die Freunde und Klassenkameraden, die unsere Unsicherheiten aufgreifen, manchmal unsere schärfsten Kritiken wiederholen und manchmal unaufgeforderte Vergleiche oder Ratschläge geben. Hier werden wir untersuchen, wie diese Stimmen im Amphitheater unserer Gedanken widerhallen und unser Körperbild vielleicht stärker prägen, als es ein Plakat oder ein Modetrend je könnte. Das Ziel ist nicht, diese Stimmen zum Schweigen zu bringen, sondern zu erkennen, welche wir verstärken und welche wir in Frage stellen sollten, um ein Lied der Selbstliebe singen zu können, das nur uns gehört. Es geht darum, den Einfluss anzuerkennen, aber die Erzählung zurückzuerobern; zu erkennen, dass andere zwar einige der Strophen geschrieben haben, wir aber den ermutigenden Refrain selbst komponieren können.

Einflüsse der Familie Die Rolle, die unsere Familien für unsere Selbstwahrnehmung spielen, kann tiefgreifend sein und ist mit unseren frühesten Erinnerungen und Grundüberzeugungen verwoben. Von dem Moment an, in dem wir auf die Welt kommen, prägt die Familie unsere Gefühle für unseren Körper und unser Selbstbild, oft ohne sich der dauerhaften Auswirkungen ihrer Worte und Handlungen bewusst zu sein.

Es ist nicht ungewöhnlich, dass bei Familiendiskussionen am Esstisch Kommentare über Diäten fallen, Schuldgefühle über den Genuss des Nachtischs geäußert werden oder beiläufig darüber gesprochen wird, wer ab- oder zugenommen hat. Diese scheinbar harmlosen Bemerkungen können den Keim für Körperscham und die Vorstellung legen, dass unser Wert mit unserem Aussehen zusammenhängt. Als Teenager oder junger Erwachsener ist es wichtig, den Einfluss der Familiendynamik auf unser Körperbild zu verstehen und zu lernen, dieses komplexe Terrain mit Liebe und Widerstandsfähigkeit zu durchqueren.

Denken Sie an die Familientraditionen und -rituale, die sich um Essen und Körperbild drehen. Ist Ihnen schon einmal aufgefallen, dass bestimmte Lebensmittel als "gut" oder "schlecht" bezeichnet werden? Diese Art von Botschaften verzerren nicht nur unser Verhältnis zum Essen, sondern prägen auch unser Verständnis davon, wie wir aussehen sollen. Familien geben oft unbewusst Überzeugungen über das Körperbild und das Essen weiter, die seit Generationen Teil ihrer Erzählung sind, und setzen so Kreisläufe fort, die uns tief beeinflussen können.

Abgesehen von Gesprächen über Essen und Diäten können Familienmitglieder manchmal direkte Kommentare über unseren Körper oder unser Aussehen abgeben. Sei es, dass sie jemanden dafür loben, dass er dünn ist, sich über seine Gewichtszunahme Sorgen machen oder den Körperbau von Geschwistern vergleichen - diese Worte können uns lange Zeit begleiten. Zu erkennen, dass diese Kommentare oft das Ergebnis eigener Unsicherheiten oder ungeprüfter Überzeugungen sind, ist der Schlüssel zur Rückgewinnung unserer eigenen Selbstliebe.

Nun geht es nicht nur um die gesprochenen Worte, auch Taten sprechen Bände. Nehmen Sie sich einen Moment Zeit und denken Sie zurück. Wie haben Ihre Familienmitglieder ihren eigenen Körper behandelt? Haben sie sich regelmäßig körperlich betätigt, um Spaß zu haben und gesund zu bleiben, oder war es eine Bestrafung, weil sie nicht in die gesellschaftlichen Normen passten? Diese Verhaltensweisen haben Vorbildcharakter und schaffen oft Schablonen, denen wir unbewusst folgen können.

Stellen Sie sich einen Haushalt vor, in dem in jedem Badezimmer eine Waage steht und jede Mahlzeit eine Gelegenheit ist, über Kalorienzahlen zu sprechen. Die Konzentration auf Zahlen und Gewicht kann die Freude an der Ernährung unseres Körpers und die positiven Aspekte der Gesundheit überschatten. Wenn wir nicht aufpassen, können wir diese Muster übernehmen und ihnen erlauben, unser Selbstwertgefühl außerhalb des Einflusses unserer Familie zu diktieren.

Lassen Sie uns nicht die Macht des Vergleichs vergessen, die innerhalb der Familie entstehen kann. Wenn Verwandte ihre Kinder schon in jungen Jahren miteinander oder mit sich selbst vergleichen, fördert dies Wettbewerb und Unsicherheit. Wenn man stattdessen die einzigartigen Qualitäten jedes Familienmitglieds anerkennt und die persönliche Entwicklung fördert, kann dies zu einem gesünderen Umfeld für alle führen.

Trotz dieser Herausforderungen bieten viele Familien auch ein Fundament der Liebe und Unterstützung. Es ist wichtig, die positiven Aspekte unseres Familienlebens zu schätzen - wie die Ermutigung, unseren Leidenschaften nachzugehen, und das Feiern unserer Leistungen, unabhängig von unserem physischen Erscheinungsbild. Sich auf diese positiven Aspekte zu konzentrieren, kann ein Gegenmittel gegen alle negativen Botschaften sein, die wir erhalten.

Was können Sie also tun, wenn familiäre Einflüsse Sie zu einem negativen Körperbild verleiten? Beginnen Sie zunächst damit, einen Dialog zu eröffnen. Wenn eine Bemerkung Sie verletzt, ist es in Ordnung, dies Ihrer Familie gegenüber zu äußern. Kommunikation kann ein Sprungbrett zu Verständnis und Wachstum sein. Denken Sie daran, dass der Aufbau einer Familienkultur des Respekts und der Offenheit, wenn es um den Umgang mit dem eigenen Körper geht, ein entscheidender Faktor sein kann.

Die Entwicklung kritischen Denkens ist ein weiteres wirksames Instrument. Hinterfragen Sie die Überzeugungen und Haltungen, die Ihnen in der Familie begegnen. Spiegeln sie wirklich das wider, was Sie glauben und schätzen, oder sind sie Überbleibsel veralteter Vorstellungen, die Sie loslassen wollen?

Neben dem Dialog und dem kritischen Denken sollten Sie daran arbeiten, sich mit positiver Verstärkung zu umgeben. Füllen Sie Ihren persönlichen Raum mit Affirmationen, körperfreundlicher Literatur und Bildern, die Vielfalt zelebrieren. Wenn wir unseren Geist mit Botschaften der Selbstliebe und Akzeptanz füttern, können wir die negativen Auswirkungen einer weniger unterstützenden Familienrhetorik verringern.

Einen Standpunkt einzunehmen kann manchmal notwendig sein. Es ist nicht immer einfach, aber wenn man Grenzen setzt, was man über seinen Körper und seine Essgewohnheiten diskutieren darf, kann man sein geistiges und emotionales Wohlbefinden bewahren. Es vermittelt eine klare Botschaft über Ihre Werte und das Maß an Respekt, das Sie im Umgang mit anderen, einschließlich Ihrer Familie, erwarten.

Selbstmitgefühl ist ein beruhigender Balsam im Umgang mit familiären Einflüssen auf das Körperbild. Wenn Sie verstehen, dass Ihre Familienmitglieder nicht die alleinigen Verursacher von Körperbildproblemen sind, sondern vielmehr Teil eines umfassenderen gesellschaftlichen Problems, kann dies innere Konflikte lindern. Auch sie lernen und entwickeln sich weiter. Seien Sie freundlich zu sich selbst, während Sie durch diese Gewässer navigieren.

Letzen Endes sollten Sie sich Unterstützung und Ressourcen suchen. Ob Sie nun mit einem vertrauenswürdigen Erwachsenen sprechen, einen Therapeuten aufsuchen oder an einem Workshop zum Thema Körperbewusstsein teilnehmen - wenn Sie proaktive Schritte unternehmen, verstärken Sie Ihr Engagement für Selbstliebe und Gesundheit, auch über die Grenzen der familiären Normen hinaus. Jede positive Maßnahme, die Sie ergreifen, legt den Grundstein für eine größere Wertschätzung Ihres einzigartigen und schönen Körpers.

Die familiären Einflüsse auf das Körperbild sind komplex und vielschichtig. Aber wenn Sie sich achtsam mit diesen Einflüssen auseinandersetzen, Ihre Bedürfnisse durchsetzen und Selbstfürsorge praktizieren, können Sie ein positiveres Selbstbild schaffen, das mit Ihrem wahren Selbst und Ihren Werten übereinstimmt. Ihr Körper ist Ihr lebenslanger Begleiter, und zu lernen, ihn zu lieben und zu akzeptieren, auch wenn er unter Druck steht, ist eine der stärksten Reisen, die Sie antreten können.

Die Macht der Gleichaltrigen Reden wir über die Leute, mit denen Sie viel Zeit verbringen - Ihre Freunde, Klassenkameraden, Teamkollegen und vielleicht sogar die Gruppe, mit der Sie online abhängen. Ist es nicht ein wenig abwegig zu denken, dass sie wahrscheinlich einen Einfluss darauf haben, wie Sie Ihren eigenen Körper und Ihr Selbstwertgefühl einschätzen? Wenn du dich mit Gleichaltrigen umgibst, egal ob es sich um körperbewusste Cheerleader oder wandelnde Werbetafeln für die neuesten Modediäten handelt, können ihre Stimmen in deinen Gedanken und Gefühlen über deinen eigenen Körper laut widerhallen.

Die Wahrheit ist, dass Gleichaltrige eine unheimliche Fähigkeit haben, unsere Einstellungen zu formen, manchmal stärker als selbst die engsten Familienmitglieder. Sie alle befinden sich in ähnlichen Lebensphasen und versuchen, sich zurechtzufinden - den Test zu bestehen, das Spiel zu gewinnen oder einfach nur einen schwierigen Tag zu überstehen. In dieser Mischung bedeuten gemeinsame Erfahrungen auch gemeinsamen Einfluss. Sie werden feststellen, dass die Akzeptanz und die Meinung Ihrer Freunde auf der Skala Ihres Selbstwertgefühls oft schwerer wiegen, als Ihnen vielleicht bewusst ist.

Erinnern Sie sich an das letzte Mal, als jemand, den Sie bewundern, Ihrem Outfit oder Ihren Fähigkeiten ein Kompliment gemacht hat. Hat sich gut angefühlt, oder? Wie ein doppelter Schuss Selbstvertrauen? Und jetzt stellen Sie sich das Gegenteil vor - eine beiläufige Bemerkung eines Gleichaltrigen über Ihr Gewicht oder Ihre Figur. Das kann stechen wie hundert Bienen und viel länger nachwirken, als es sein sollte. Worte von Gleichaltrigen können die Saat des Zweifels säen oder die Blumen des Selbstbewusstseins in uns nähren.

Der Einfluss von Gleichaltrigen liegt nicht nur in den verbalen Begegnungen, sondern auch in den geteilten Blicken, den Likes in den sozialen Medien und dem kollektiven Stöhnen, wenn jemand über körperliche Unvollkommenheiten spricht. Es ist diese gemeinschaftliche Atmosphäre, in der wir täglich baden. Wenn sie positiv ist, kann sie uns in den Himmel heben. Wenn sie negativ ist, kann sie sich wie eine Last anfühlen, die uns in unsichtbare Tiefen hinabzieht. Und viele von uns sehnen sich danach, dazuzugehören - sich als Teil der Mannschaft zu fühlen, und das bedeutet oft, dass wir uns der Sprache und dem Verhalten der Gruppe anpassen müssen.

Aber jetzt kommt der Clou: Sie werden nicht nur von Gleichaltrigen beeinflusst, sondern sind auch ein Einflussnehmer. Ja, Sie haben richtig gehört. Die Art und Weise, wie Sie über Ihren Körper sprechen, auch über Ihren eigenen, beeinflusst andere. Indem du in deinen täglichen Gesprächen eine körperfreundliche Sprache verwendest, erzeugst du Wellen, die sich in Wellen verwandeln können. Wenn du Witze, die deinen Körper beschämen, abtust oder dich weigerst, an einem Diät-Wettbewerb teilzunehmen, gibst du ein Beispiel, dem andere folgen könnten.

Erkenne auch, dass einige Gleichaltrige sehr selbstbewusst in ihrer Haut zu sein scheinen, aber unter der Oberfläche haben sie vielleicht Probleme. Die Maske des Selbstbewusstseins kann eine Menge Schmerz verbergen. Seien Sie also behutsam mit Ihren Worten - sie können jemanden genauso schnell aufbauen wie niederreißen. Feiern Sie die Unterschiede, loben Sie die einzigartigen Aspekte des anderen und stellen Sie die Vorstellung in Frage, dass wir alle in eine bestimmte Form passen müssen. Anders zu sein ist nicht nur in Ordnung, sondern macht den Teppich des Lebens so bunt.

Wenn Sie sich bewusster werden, wie Gleichaltrige Sie beeinflussen, sollten Sie sich mit einer Gruppe von Unterstützern umgeben, die die Schönheit der Vielfalt sehen. Suchen Sie sich Partner, die ein ausgewogenes Verhältnis zum Essen haben, die Körperformen und -größen nicht verurteilen und die Freude an mehr als nur dem Äußeren finden. Es gibt sie, versprochen. Sie sind diejenigen, die Pizzaabende lieben, sich aber auch an einem frischen Salat erfreuen können, ohne sich oder anderen ein schlechtes Gewissen einzureden.

Es ist ein entscheidender Vorteil, wenn Ihre Gruppe Erfolge feiert, sich gegenseitig bei Tiefpunkten unterstützt und Freundlichkeit über Kritik stellt. Ein solches Umfeld unter Gleichaltrigen stärkt nicht nur Ihr positives Körpergefühl, es ist auch ein Nährboden für Selbstliebe und gegenseitigen Respekt. Und wenn Ihre derzeitige Gruppe nicht in dieser Stimmung ist? Dann ist es vielleicht an der Zeit, die Gruppe zu wechseln und sich mit denjenigen zu treffen, die auf Ihrer Wellenlänge schwingen.

Was wirklich cool ist, ist die Tatsache, dass die kollektive Kraft Selbstzweifel in Selbstakzeptanz verwandeln kann, wenn Sie alle die

Stärken der anderen verstärken und Mitgefühl für die Schwachstellen zeigen. Der Weg, sich selbst so zu lieben, wie man ist, und nicht so, wie man denkt, dass man sein sollte, wird so zu einem gemeinsamen Abenteuer. Es wird leichter, den inneren Kritiker zum Schweigen zu bringen, wenn Gleichaltrige dich loben, so wie es auch wichtig ist, diese Stimme der Bestätigung für jemand anderen zu sein.

Denken Sie auch darüber nach: Der Druck von Gleichaltrigen kann uns oft dazu bringen, zu versuchen, unseren Körper zu verändern, in der Hoffnung, dass wir uns anpassen oder akzeptiert fühlen, aber echte Freunde? Sie werden nicht verlangen, dass du dich ihrer Vorstellung von Perfektion anpasst - sie stehen auf deiner Seite und unterstützen dich in deiner Authentizität. Es ist ziemlich befreiend zu erkennen, dass das Ziel nicht darin besteht, sich in eine Kopie des Ideals eines anderen zu verwandeln, sondern die einzigartige Form des eigenen Lebens anzunehmen.

Und vergessen wir nicht, dass Gleichaltrige ein Resonanzboden sein können, um Frustrationen loszuwerden und alternative Perspektiven anzubieten. Wenn Sie sich in einer Negativspirale befinden, kann ein Gleichaltriger mit einer gesunden Einstellung Ihnen helfen, das Drehbuch umzudrehen, und Ihnen zeigen, wie Sie sich darüber freuen können, was Ihr Körper kann, anstatt sich über Ästhetik aufzuregen. Diese Juwelen in deinem Leben sind unbezahlbar; sie lehren dich, die Funktion über die Form und den Zweck über den Schein zu stellen.

Hör zu, du hast eine Mission, wenn du sie annimmst - werde zu einem Leuchtturm der Körperpositivität unter deinen Freunden. Wann immer du die Gelegenheit hast, entfache Gespräche über Körpervielfalt, hinterfrage die Mythen, die das Selbstwertgefühl unterdrücken, und weise auf unrealistische Normen hin. Das erfordert natürlich Mut, aber deine Stimme kann ein Leuchtturm sein, der anderen den Weg zu Selbstliebe und Akzeptanz weist. Und während

Sie den Weg beleuchten, werden Sie feststellen, dass Ihr eigener Weg immer klarer und heller wird.

Zu guter Letzt sollten Sie daran denken, dass die Macht der Gleichgesinnten zwar mächtig ist, Ihr Körper aber letztendlich Ihr Zuhause ist - behandeln Sie ihn mit Liebe, Geduld und Respekt. Hege und pflege ihn wie einen Garten. So wie du Unkraut zupfen und schöne Blumen säen würdest, so solltest du auch negative Einflüsse ausreißen und positive Beziehungen zu Gleichaltrigen säen. So kann der Garten der Selbstliebe nicht nur für Sie selbst, sondern für alle in Ihrem Umfeld gedeihen.

Es geht darum, unter Gleichaltrigen eine Gemeinschaft aufzubauen, in der jeder gesehen, gehört und geschätzt wird - wo die Norm durch Liebe angehoben und nicht durch Vergleiche gesenkt wird. Stellen Sie sich die Möglichkeiten einer Welt vor, in der Gruppendruck in Unterstützung durch Gleichaltrige umgewandelt wird und in der Sie sich alle gemeinsam für das Wachstum und das Wohlergehen der anderen einsetzen. Das ist die Art von Macht, die Kulturen verändern kann, und sie beginnt genau bei Ihnen, genau dort, wo Sie sind, unter den Gleichaltrigen, die diese Reise mit Ihnen gehen.

Kapitel 5: Zwischen Geist und Körper

Wir haben uns gemeinsam auf diese Reise begeben und erforscht, wie Wahrnehmungen unsere Realität formen, und nun tauchen wir in den tiefen Raum ein, in dem sich unser Geist und unser Körper überschneiden. Es ist wie das Überqueren einer Brücke, auf der sich Gedanken und Fleisch treffen, vermischen und manchmal aufeinanderprallen. Stellen Sie sich vor, dass jedes Kichern, jede gerunzelte Stirn und jeder Herzschlag nicht nur in den Kammern Ihres Körpers widerhallt, sondern auch die Leinwand Ihres mentalen Zustands bemalt - Ihre Emotionen kleiden Sie täglich in eine Garderobe des Selbstausdrucks. In diesem Kapitel geht es nicht nur darum, den Zusammenhang zwischen psychischer Gesundheit und Körperbild zu erkennen, sondern auch darum, zu verstehen, warum wir unsere Emotionen nicht nur in unserem Herzen, sondern auch auf unserem Ärmel tragen. Wie empfinden wir uns selbst, wenn wir unser Spiegelbild betrachten, und welcher mentale Dialog ergibt sich daraus? Es ist ein harmonischer und manchmal turbulenter Tanz, den wir alle lernen. Erwarten Sie, dass sich Schichten von Verbindungen entfalten, die Ihnen bewusst machen, wie sehr unser Wohlbefinden mit der Liebe zusammenhängt, die wir unserem eigenen unglaublichen Körper entgegenbringen. Es geht nicht nur um Größe, Form oder die Zahl auf der Waage - es geht darum, den Kern dessen zu pflegen, was wir sind, und ihn mit Freundlichkeit und Selbstvertrauen zu präsentieren.

Psychische Gesundheit und Körperbild

Ihre psychische Gesundheit und Ihr Körperbild sind wie die Wurzeln und Äste desselben Baumes. Wenn die Wurzeln mit Respekt und Verständnis genährt werden, gedeihen die Äste, zeigen ihre Blätter und halten dem gesellschaftlichen Druck stand. Sind die Wurzeln dagegen von Negativität und Selbstzweifeln durchdrungen, können die Äste kämpfen, verdorren und sogar brechen. Es ist wichtig zu erkennen, wie sehr diese Aspekte unseres Wesens miteinander verflochten sind.

Beim Thema Körperbild geht es nicht nur um das physische Selbst, sondern auch um die emotionale Landschaft, die unsere Wahrnehmung prägt. Für viele Teenager und junge Erwachsene ist ihr Körper die Leinwand, auf die die Erwartungen der Gesellschaft gemalt werden. Es ist keine Überraschung, dass die Art und Weise, wie man sich auf dieser Leinwand fühlt, einen großen Einfluss auf das emotionale Wohlbefinden hat.

Wenn man mit unrealistischen Bildern davon bombardiert wird, wie man aussehen sollte, ist es fast unvermeidlich, dass viele eine Abkopplung von ihrem Körper und Unzufriedenheit mit ihm erleben. Diese Diskrepanz zwischen der Realität und den Erwartungen kann zu überwältigenden Gefühlen führen, nicht gut genug zu sein, und Angstzustände, Depressionen und eine Reihe anderer psychischer Probleme auslösen.

Viele von Ihnen sehen vielleicht manchmal ihr Spiegelbild und hören einen Chor von Kritiken in ihrem Kopf widerhallen. Es ist wie eine mentale Wiedergabeliste, die sich ständig wiederholt. Denken Sie daran: Sie sind nicht allein. Der Druck, unmögliche Standards zu erfüllen, ist allgegenwärtig, aber eine kritische Betrachtung dieser auferlegten Ideale ist der erste Schritt, um die negativen Selbstgespräche zum Schweigen zu bringen.

Es ist an der Zeit, dass wir uns eine neue Geschichte zu eigen machen, eine, die die Einzigartigkeit unseres Körpers feiert, ohne unseren Selbstwert an Maße und Spiegel zu binden. Bedenken Sie: Ihr Wert wird nicht durch Ihr Aussehen definiert. Es ist an der Zeit, Ihr Selbstwertgefühl auf Ihre Leidenschaften, Ihre Talente und die Freundlichkeit, die Sie in die Welt bringen, zu gründen.

Wir vergessen oft, welche Rolle unser mentaler Zustand bei der Wahrnehmung unseres Körpers spielt. Stress zum Beispiel ist nicht nur ein Gefühl - er kann die Art und Weise, wie Sie sich selbst sehen, verzerren. Wenn Sie sich niedergeschlagen oder ängstlich fühlen, kann der Blick in den Spiegel durch eine Linse voller harscher Kritik gefiltert werden. Wenn Sie lernen, mit diesen Emotionen umzugehen, kann sich der Nebel lichten und Sie können Ihr wahres Spiegelbild sehen, nicht die verzerrte Version, die der Stress präsentiert.

Akzeptanz und Veränderung - das schließt sich nicht gegenseitig aus. Ihren Körper so zu akzeptieren, wie er jetzt ist, bedeutet nicht, dass Sie aufgeben, sich um ihn zu kümmern. Es geht darum, dass Sie sich selbst genug lieben, um Ihren Körper mit der Freundlichkeit zu versorgen, die er verdient. Das kann bedeuten, dass Sie sich so bewegen, dass Sie sich gut fühlen, oder dass Sie sich mit Nahrungsmitteln versorgen, die Ihnen Energie geben und Sie nicht einschränken oder bestrafen.

Ein positives Körperbild aufzubauen ist keine einmalige Errungenschaft, es ist eine Reise. Und diese Reise ist sehr persönlich, abwechslungsreich und voller Höhen und Tiefen. Man muss lernen, die äußeren und inneren Kritiker zum Schweigen zu bringen und anfangen, auf die Stimme zu hören, die aus dem Herzen spricht - die Stimme, die zu Mitgefühl und Selbstfürsorge ermutigt.

Mentale Belastbarkeit ist wie ein Muskel - sie wird mit Übung stärker. Um ein negatives Körperbild zu bekämpfen, muss der Geist genauso trainiert werden wie der Körper. Das bedeutet, Auslöser zu erkennen, emotionale Reaktionen zu verstehen und sie gedanklich umzulenken. Hilfsmittel wie Tagebuchführung, Achtsamkeit und Gesprächstherapie können unglaublich wirkungsvoll sein, um das seelische Wohlbefinden zu stärken.

Manchmal muss man vielleicht Abstand vom Spiegel nehmen und nach innen schauen. Selbstreflexion ist der Schlüssel zum Verständnis der Ursprünge Ihrer Überzeugungen über Ihren Körper. Diese Erkenntnis kann der Beginn einer Veränderung schädlicher Denk- und Verhaltensmuster sein und den Weg zu einer gesünderen Psyche ebnen.

Betrachten Sie einen Moment lang die enorme Vielfalt der menschlichen Körper. Es gibt eine atemberaubende Bandbreite an Formen, Größen, Fähigkeiten, Farben und Merkmalen - ein breites Spektrum, in dem jeder Punkt seine einzigartige Schönheit und Stärke besitzt. Wenn Sie sich von den engen Definitionen der Attraktivität lösen, die Ihnen die Gesellschaft auferlegt hat, beginnen Sie, die unglaubliche Vielfalt der menschlichen Gestalt zu schätzen.

Darüber hinaus ist es wichtig, Ihren Körper zu akzeptieren, wenn er sich im Laufe des Lebens verändert. Wachstum, Alterung und Veränderungen sind natürliche Bestandteile des Lebens. Die Veränderungen Ihres Körpers sind keine Misserfolge oder Rückschläge, sondern Zeugnisse Ihrer Reise und des Lebens, das Sie geführt haben. Wie in der Natur hat jede Phase ihre eigene Schönheit, die es wert ist, gefeiert zu werden.

Der Kontakt zu anderen, die Sie auf Ihrem Weg zu einem positiven Körperbild bestätigen und unterstützen, kann Ihre Fortschritte verstärken. Schließen Sie sich mit Freunden, Familienmitgliedern oder Online-Gemeinschaften zusammen, die Ihnen Mut machen. Gemeinsam ist man stark, und eine gemeinsame Erfahrung kann die Last erleichtern, wenn sie sich zu schwer anfühlt, um sie allein zu tragen.

Schließlich sollten Sie sich daran erinnern, dass Ihre Existenz nicht auf die Konturen Ihres Körpers beschränkt ist. Sie sind eine einzigartige Mischung aus Gedanken, Träumen, Erfahrungen und Talenten. Keine Waage kann Ihre Liebesfähigkeit, Ihre Zähigkeit oder Ihren Funken messen. Ihr Körper ist nur ein Teil der unglaublichen Person, die Sie sind.

Die Sorge um Ihre geistige Gesundheit ist untrennbar mit der Pflege eines positiven Körperbildes verbunden. Der Weg zu einem positiven Körperbild ist nicht immer einfach, aber er ist es wert, beschritten zu werden. Ihre Geschichte ist reich und voller Potenzial - lassen Sie sie sich jenseits der Grenzen von Spiegeln und gesellschaftlichen Erwartungen entfalten. Nimm dich selbst an, dein ganzes Selbst, und lass das der Beginn einer tiefgreifenden Reise zu radikaler Selbstliebe und Akzeptanz sein.

Emotionen an den Ärmeln - ein seltsamer Ausdruck, nicht wahr? Er beschwört Bilder von unseren innersten Gefühlen herauf, die wie Aufnäher oder Modeaussagen auf unsere Kleidung geklebt sind. Doch nicht unsere Kleidung verrät unsere Gefühle, sondern unser Körper, die Art und Weise, wie wir uns tragen, der Ausdruck, der über unser Gesicht flackert, und ja, sogar die Art und Weise, wie wir unsere eigene körperliche Gestalt wahrnehmen. Unsere Emotionen und unser Körperbild sind in einem zutiefst persönlichen Tanz miteinander verwoben.

Erinnern Sie sich an einen Tag, an dem Sie sich ganz oben auf der Welt gefühlt haben. Vielleicht haben Sie eine Präsentation gemeistert oder sich einfach besonders selbstbewusst und kompetent gefühlt. Vielleicht fühlte sich Ihr ganzer Körper leichter an, Ihre Haltung war aufrechter und Ihre Schritte zielstrebiger. Es war, als ob Ihr Körper ein Ausrufezeichen war, das Ihren Erfolg unterstrich. Können Sie sich an dieses Gefühl erinnern? Halten Sie es fest.

Nun denken Sie an einen Tag, an dem es Ihnen nicht so gut ging, an dem Sie sich vielleicht unsicher fühlten oder nicht wussten, wo Ihr Platz in der Welt ist. Vielleicht haben Sie sich dabei ertappt, wie Sie in sich zusammengesunken sind, den Spiegel gemieden haben oder an einem Kleidungsstück herumgezupft haben, das einfach nicht richtig zu passen schien. Es kann sich so anfühlen, als ob Sie versuchen, sich zu verkleinern, sich zusammenzufalten und in eine unerreichbare Norm zu passen. Unsichtbar zu sein.

Unser Körper trägt uns nicht nur durchs Leben - er trägt auch unsere Gefühle, unsere Ängste und unser Glück. Und auf dem Schlachtfeld des Körperbildes ist das besonders wahr. Wenn wir ständig mit Botschaften bombardiert werden, die besagen, dass wir nicht genug sind - nicht dünn genug, nicht durchtrainiert genug, nicht was auch immer genug -, ist es leicht, dass diese Ideen unter unsere Haut dringen und sich in unseren Herzen festsetzen.

Aber weißt du was? Du bist kein Aushängeschild für die Unsicherheiten der Gesellschaft. Ihr Körper ist nicht dazu da, um beurteilt, bewertet oder ständig unter die Lupe genommen zu werden. Er ist das Vehikel, durch das du Freude, Lachen, Liebe und ja, auch Traurigkeit und Schmerz erlebst. Es ist ein Teil von dir, der mit deiner einzigartigen Geschichte lebt - deinen Prüfungen, deinen Triumphen und allem, was dazwischen liegt.

Lassen Sie uns für eine Sekunde ehrlich sein. Es ist schwer, positiv über seinen Körper zu denken, wenn die Welt einem ständig sagt, dass er nicht ganz in Ordnung ist. Aber die Sache ist die: Emotionen sind oft formbarer, als uns bewusst ist. Sie können sich verändern, sie können wachsen und sie können heilen. Und Ihre Beziehung zu Ihrem Körper? Auch das kann sich ändern.

Es gibt vielleicht Momente, vielleicht sogar Tage oder Wochen, in denen es unmöglich erscheint, seinen Körper zu lieben. Wenn jeder Blick in den Spiegel eine Flut von Negativität mit sich bringt. Das ist in

Ordnung. Du darfst diese Gefühle haben. Sie sind ein Mensch. Aber es kommt darauf an, was du mit diesen Gefühlen machst. Willst du dich von ihnen beherrschen lassen? Oder werden Sie sie anerkennen, aus ihnen lernen und sie dann loslassen?

Fangen Sie einfach an. Vielleicht geht es darum, sich selbst zu betrachten und eine Sache - nur eine Kleinigkeit - zu finden, die Sie mögen. Das könnte Ihr Lächeln sein, die Art, wie Ihre Augen funkeln, wenn Sie über etwas sprechen, das Sie lieben, oder wie sich Ihr Haar nach dem Duschen perfekt wellt. Dann konzentrieren Sie sich darauf. Lassen Sie das die Sache sein, die beginnt, die Geschichte vom Negativen zum Positiven zu verändern.

Lassen Sie auch Ihre Gefühle zu. Sie sind keine Feinde. Sie sind Signale, Wegweiser, die Sie zu tieferem Selbstverständnis und Mitgefühl führen können. Fühlen Sie sich traurig? Fragen Sie sich, warum, und hören Sie sich die Antwort genau an. Sie werden überrascht sein, wie oft die Unzufriedenheit mit dem eigenen Körper mit viel tieferen Problemen zusammenhängt. Die Aufarbeitung dieser Probleme kann der Beginn der Heilung sein.

Spaßige Tatsache: Gefühle sind ansteckend. Wenn Sie negative Gefühle über Ihren Körper haben, ist das wie ein Gähnen, das sich in einem Raum ausbreitet. Aber auch das Gegenteil ist der Fall. Wenn du anfängst, deine Perspektive zu ändern, wenn du Selbstvertrauen trägst, und sei es auch nur ein kleines bisschen, wirst du erstaunt sein, wie sich das auf deine Umgebung auswirken kann. Du kannst genauso leicht inspirieren wie du bemitleiden kannst.

Dein Körper ist nicht nur eine Schaufensterpuppe für Kleidung. Er ist eine Leinwand des Lebens. Jede Narbe, jede Kurve, jede Farbe und jede sich verändernde Form erzählt eine Geschichte von Veränderung, Wachstum und Widerstandsfähigkeit. Ihre Gefühle sind die Pinselstriche auf dieser Leinwand. Manchmal sind sie hell und kräftig, manchmal schattiert und schwer. Aber sie sind immer einzigartig.

Erinnern Sie sich, dass positive Körperhaltung kein unaufhörlicher Zustand der Freude ist. Es ist eine Reise mit Höhen und Tiefen. Es geht darum, Frieden mit dem Körper zu finden, in dem du lebst, auch an den Tagen, an denen es dir schwer fällt. Es geht darum zu wissen, dass Ihr Selbstwert nicht an eine Kleidergröße oder eine Zahl auf einer Waage gebunden ist. Dein Wert geht über das Gefäß hinaus, und du bist unglaublich, gerade weil du so bist, wie du bist, und nicht nur, wie du aussiehst.

So trage diese Gefühle. Lassen Sie sie sich zeigen. Aber wisse auch, dass du die Macht hast, zu entscheiden, an welchen du festhältst und welche du wegfliegen lässt wie Blätter in einer Herbstbrise. Sie haben die Kontrolle über Ihre Erzählung, Ihr Selbstbild und vor allem über Ihr Leben. Lieben Sie sich selbst laut und unverblümt, und beobachten Sie, wie diese Emotion zum Besten wird, was Sie je getragen haben.

Sind Sie bereit, Ihre Emotionen auf eine Weise zu tragen, die Sie feiert? Ich hoffe es. Denn du verdienst nicht nur Liebe und Respekt, du bist es auch wert. Und nichts - kein Spiegel, keine Zeitschrift, keine fehlgeleitete Norm - kann dir das nehmen. Also atme tief durch, wirf die Schultern zurück und lass uns gemeinsam diese Reise in Richtung Körperfreundlichkeit antreten, einen emotionsgeladenen Schritt nach dem anderen.

Kapitel 6:
Wenn Essen weh tut

Stellen Sie sich eine Liebe zum Essen vor, die sich als kompliziert erweist und bei der Mahlzeiten, die Sie eigentlich nähren und trösten sollten, zu einer Quelle des Schmerzes werden. Diese Wendung in der Geschichte Ihres Lebens kann dazu führen, dass Sie das Gefühl haben, dass die Freude am Essen in einem Wirrwarr von Gefühlen untergeht. Es ist, als würden Sie auf einem Drahtseil balancieren und versuchen, die Ernährung mit den lauten Gedanken in Einklang zu bringen, die Ihnen sagen, dass Sie "es falsch machen" oder "nicht richtig aussehen". Das ist hart. Aber lassen Sie uns Klartext reden: Wir haben eine Zone betreten, in der es beim Essen nicht nur um Hunger oder Geschmack geht, sondern auch um Selbstwertgefühl, Kontrolle und manchmal um tief sitzende Verletzungen. Wir gehen jetzt gemeinsam in dieses heikle Kapitel unserer Reise, in dem wir verstehen, dass manche Kampfnarben unsichtbar sind und der Kampf um eine gesunde Beziehung zum Essen nicht nur körperlich, sondern auch mental und emotional ist. Das Entscheidende ist, dass Sie auf diesem Weg nicht allein sind und dass das Erkennen dieses Kampfes der erste entschlossene Schritt ist, um die komplexe Beziehung, die Sie vielleicht zum Essen selbst haben, zu verbessern.

Essstörungen zu erkennen ist ein wichtiger Schritt zum Verständnis des komplexen Zusammenspiels zwischen unserem Geist, unserem Körper und der Nahrung, mit der wir sie versorgen. Wenn Sie sich auf dem Weg zu einem positiven Körpergefühl befinden, ist dieses Wissen ein wesentlicher Bestandteil dieses Weges. Lassen Sie uns also eintauchen in die Anzeichen und Signale, die unser Körper uns sendet und die auf eine Essstörung hindeuten könnten.

Essstörungen sind komplexe psychische Erkrankungen, die sich auf verschiedene Weise äußern, von restriktivem Essen bis hin zu Bingeing und Purging. Sie machen keinen Unterschied; Menschen jeden Alters, Geschlechts und Hintergrunds können davon betroffen sein. Entscheidend ist, dass man sich diesen Themen ohne Urteil und mit offenem Herzen nähert. Zu erkennen, dass jemand Probleme hat, ist der erste Schritt, um ihn zu befähigen, die nötige Hilfe in Anspruch zu nehmen.

Eine Veränderung der Essgewohnheiten kann ein wichtiger Hinweis sein. Wenn Sie oder jemand, den Sie kennen, sein Ernährungsverhalten drastisch verändert hat - er isst viel weniger oder viel mehr als sonst -, könnte das ein Zeichen sein. Das ist nicht immer leicht zu erkennen, zumal unsere Essgewohnheiten mit den Stressfaktoren des Lebens schwanken können. Aber eine anhaltende Veränderung könnte bedeuten, dass es an der Zeit ist, genauer hinzuschauen.

Unsere Beziehung zum Essen soll nährend sein, nicht eine der Heimlichtuerei und Isolation. Wenn Sie Ihre Essgewohnheiten verheimlichen oder sich für das Essen schämen, kann das ein Hinweis auf eine Essstörung sein. Wenn Sie in Ihrer Freizeit oft heimlich essen oder Mahlzeiten mit Freunden und Familie vermeiden, sollten Sie die Gründe dafür herausfinden.

Körperbildfragen sind in der Diskussion über Essstörungen tief verwurzelt. Wenn zwanghaftes oder exzessives Sporttreiben oder eine Besessenheit von Körpergewicht und -form in die alltäglichen Gedanken einer Person einzudringen beginnt, ist dies möglicherweise mehr als nur ein Interesse an Fitness oder Gesundheit - es kann in den Bereich von Störungen wie Magersucht (Anorexia nervosa) oder Bulimie (Bulimia nervosa) hineinreichen.

Körperliche Symptome können ebenfalls auftreten. Dramatischer Gewichtsverlust, Veränderungen der Hautqualität oder dünner werdendes Haar sind äußere Anzeichen dafür, dass der Körper nicht bekommt, was er braucht. Anhaltende Magen-Darm-Probleme ohne andere medizinische Erklärung können ebenfalls ein Warnsignal sein. Es ist wichtig, auf diese körperlichen Geräusche zu hören, bevor sie zu Hilfeschreien werden.

Emotionale Schwankungen sind nicht ungewöhnlich, aber wenn sie sich ausschließlich auf die Essgewohnheiten oder das Körperbild beziehen, ist das besorgniserregend. Stimmungsschwankungen, Reizbarkeit oder Depressionen, die mit dem Essen oder dem Selbstbild zusammenzuhängen scheinen, können auf eine zugrunde liegende Essstörung hindeuten.

Sozialer Rückzug ist ein weiteres Teil des Puzzles. Es kann sein, dass jemand anfängt, gesellige Zusammenkünfte zu meiden, vor allem wenn es um Essen geht, oder dass er weniger kommunikativ ist. Dies ist oft ein Versuch, die Probleme mit dem Essen oder dem Körperbild vor der Umgebung zu verbergen.

Beim Erkennen dieser Störungen geht es nicht nur darum, die Symptome zu erkennen, sondern auch darum, ihre Auswirkungen zu verstehen. Essstörungen können die Fähigkeit einer Person beeinträchtigen, sich voll und ganz auf das Leben einzulassen. Schule, Arbeit, Beziehungen - sie alle sind davon betroffen. Es geht um die Person, nicht nur um das Essen.

Allerdings reicht das Erkennen allein nicht aus. Handeln ist entscheidend. Wenn Ihnen diese Symptome bekannt vorkommen, entweder bei Ihnen selbst oder bei jemandem, den Sie lieben, ist es ein mutiger und notwendiger Schritt, professionelle Hilfe in Anspruch zu nehmen. Essstörungen sind behandelbar, und eine Heilung ist möglich, aber je länger sie unbehandelt bleiben, desto schwieriger kann der Weg sein.

Es ist auch wichtig, zwischen Fehlinformationen und Fakten zu unterscheiden. Nein, Essstörungen sind keine Entscheidungen oder Lebensstilvorlieben. Es handelt sich um ernsthafte gesundheitliche Störungen, die Verständnis und eine mitfühlende Reaktion erfordern.

Es kann aufschlussreich sein, über persönliche Erfahrungen mit Essen und Körperbild nachzudenken. Haben Sie sich dabei ertappt, dass Sie nach dem Essen negative Selbstgespräche führen? Fürchten Sie sich vor bestimmten Lebensmitteln, ohne dass es dafür einen medizinischen Grund gibt? Dies können persönliche Anhaltspunkte sein, um Ihre Beziehung zum Essen und zu Ihrem Körper zu vertiefen.

Die Genesung von einer Essstörung ist für jeden eine eigene Reise. Manche finden Trost im Erzählen von Geschichten und im Austausch von Erfahrungen, während andere vielleicht die strukturierte Unterstützung einer Therapie und ärztliche Hilfe benötigen. Es gibt keine Einheitsmethode, und das ist auch gut so.

Liebe und Mitgefühl für sich selbst und andere Betroffene sind das A und O. Kritik, ob intern oder extern, kann die schädlichen Narrative verstärken, die Essstörungen begünstigen. Zur Heilung gehört es auch, sich bewusst zu machen, dass der Körper in jeder Größe Pflege, Respekt und Liebe verdient.

Zu guter Letzt sollten Sie sich daran erinnern, dass Sie damit nicht allein sind. Es gibt Gemeinschaften und Unterstützungsnetzwerke für Menschen, die mit Essstörungen zu tun haben. Viele sind stark und es macht Mut, Hilfe zu suchen. Während wir uns bemühen, die Ursachen und Auswirkungen dieser Störungen zu verstehen, sollten wir daran glauben, dass jeder Mensch es verdient, Frieden mit dem Essen und seinem Körper zu finden.

Ursachen und Auswirkungen verstehen

In den vorangegangenen Kapiteln haben wir uns durch die komplexe Landschaft von Körperbild, Medieneinfluss und gesellschaftlichem Druck bewegt. Jetzt wollen wir tiefer in das komplizierte Geflecht der Gründe für die Entstehung von Essstörungen und deren Auswirkungen auf unser Leben eintauchen. Bei Essstörungen geht es nicht nur um Essen; es handelt sich um komplexe psychische Erkrankungen, die aus einer Mischung aus biologischen, psychologischen und soziokulturellen Faktoren entstehen. Sie beeinträchtigen nicht nur die Essgewohnheiten einer Person, sondern auch ihr Selbstwertgefühl, ihre Beziehungen und ihre allgemeine Lebensqualität.

Eine der Hauptursachen für Essstörungen ist die Genetik. Wie viele andere Gesundheitsprobleme können Essstörungen in der Familie vorkommen, was darauf hindeutet, dass die Anfälligkeit vererbt werden kann. Wenn Sie ein Familienmitglied haben, das mit einer solchen Krankheit gekämpft hat, sind Sie vielleicht anfälliger für ähnliche Probleme, aber denken Sie daran, dass es weder eine Gewissheit noch Ihr Schicksal ist.

Als Nächstes kommt der massive Einfluss unserer Umwelt. Chaotische oder stressige Lebenserfahrungen wie Mobbing, Missbrauch oder Traumata können das Risiko, eine Essstörung zu entwickeln, deutlich erhöhen. Diese Erfahrungen können bleibende Narben hinterlassen und das Bedürfnis fördern, bestimmte Aspekte des Lebens zu kontrollieren. Für manche kann die Kontrolle der Nahrungsaufnahme und der Körperform fälschlicherweise als ein gangbarer Weg erscheinen, um die verlorene Kontrolle wiederzuerlangen.

Außerdem spielen auch Persönlichkeitsmerkmale eine Rolle. Menschen mit perfektionistischen Tendenzen, einem hohen Maß an Ängstlichkeit oder einem extremen Kontrollbedürfnis sind möglicherweise stärker gefährdet. Wenn Sie ständig nach Perfektion streben, könnten Sie Ihren Körper denselben unrealistischen Normen unterwerfen und Ihren Wert und Ihr Gewicht als zu eng miteinander verbunden ansehen.

Die Gesellschaft spielt eine wichtige Rolle. Die Besessenheit unserer Kultur von einer engen Definition von Schönheit bedeutet, dass wir jeden Tag mit Bildern von "idealen" Körpern bombardiert werden, egal ob wir in einer Zeitschrift blättern oder durch die sozialen Medien scrollen. Dies kann zu unerbittlichen Vergleichen und dem Glauben führen, dass unser Wert direkt mit unserem Aussehen zusammenhängt.

Es ist auch wichtig, die psychologischen Auswirkungen von Essstörungen zu berücksichtigen. Sie können Gefühle der Isolation, Depression und Angst begünstigen und einen Teufelskreis schaffen, der nur schwer zu durchbrechen ist. Essstörungen können zu einem Bewältigungsmechanismus für den Umgang mit schwierigen Gefühlen oder Situationen werden. Doch am Ende verschlimmern sie genau die Probleme, die sie eigentlich lindern sollen.

Die körperlichen Auswirkungen sind ebenfalls schlimm und gut dokumentiert. Unterernährung, Herzprobleme, Verdauungsbeschwerden und andere ernsthafte gesundheitliche Komplikationen können auftreten. Der Körper leidet, wenn ihm eine Vielzahl von Nährstoffen vorenthalten wird, die er zum Funktionieren braucht. Ganz zu schweigen von den möglichen Langzeitschäden, die vielleicht nicht sofort erkennbar sind.

Gesellschaftlich sind die Auswirkungen herzzerreißend. Die Beziehungen leiden, wenn Heimlichtuerei und Rückzug einsetzen. Die Essstörung beginnt mehr Raum einzunehmen als jeder andere Aspekt des Lebens und verdrängt Freunde, Familie und Angehörige. Das liegt nicht daran, dass man sie weniger schätzt, aber die Störung kann dazu führen, dass man glaubt, dass man sich dem allein stellen muss - dass der Kampf nur von einem selbst zu tragen ist. Aber das ist nicht der Fall.

Und vergessen wir nicht die finanzielle Belastung. Die Behandlung von Essstörungen ist wichtig, kann aber zeitaufwendig und kostspielig sein, was die ohnehin schon stressige Situation noch weiter verschärfen kann. Die Bewältigung der Behandlungskosten ist für viele ein Problem, aber es gibt Ressourcen und Unterstützungssysteme, um diese Belastung zu lindern.

Intellektuell können Essstörungen das Wachstum und die Entwicklung hemmen, besonders bei jüngeren Menschen, deren Gehirn sich noch entwickelt. Es ist schwer, sich auf das eigene Potenzial zu konzentrieren, wenn ein Großteil der Energie in die unablässige Beschäftigung mit Essen und Körper fließt.

Emotional ist das Gefühl des Verlustes bei einer Essstörung oft sehr groß. Es kann sich so anfühlen, als würden Sie Teile Ihrer Identität verlieren, da die Störung Ihre Leidenschaften, Interessen und Freuden überschattet. Dieser Verlust kann sich bis zum Verlust von Zeit ausdehnen - Zeit, die man damit verbringen könnte, zu lernen, zu wachsen und das Leben zu erfahren, wird stattdessen von der Störung aufgezehrt.

Was ist mit den Chancen im Leben? Ausbildung, Karriere und persönliche Meilensteine können durch die aufdringlichen Gedanken und Verhaltensweisen, die für Essstörungen charakteristisch sind, in den Hintergrund gedrängt werden. Es kann schwierig sein, sich auf Schularbeiten oder berufliche Ziele zu konzentrieren, wenn so viel geistige Energie von Gedanken an Kalorien, Bewegung und Gewicht absorbiert wird.

Im Hinblick auf die Genesung kann das Verständnis dieser Ursachen und Auswirkungen Sie stärken. Das Wissen darüber, warum Essstörungen auftreten, gibt Ihnen Aufschluss darüber, welche

Faktoren Sie kontrollieren können und bei welchen Sie Unterstützung brauchen. Das Erkennen der Auswirkungen hilft, den vollen Ernst der Lage zu erfassen, und motiviert Sie, einen Weg zur Heilung einzuschlagen.

Und es gibt Hoffnung. Genesung ist mehr als nur möglich; es ist ein Weg, den unzählige Menschen jeden Tag beschreiten. Das Verständnis des komplexen Zusammenspiels von Ursachen und Auswirkungen bietet einen Fahrplan für diese Reise. Und auch wenn es nicht leicht ist, so ist doch jeder Schritt zur Genesung ein Schritt in Richtung Freiheit - Freiheit von den Zwängen der Störung und Freiheit, sich selbst zu lieben und zu akzeptieren.

Schließlich sollten Sie daran denken, dass die Anerkennung dieser Ursachen und Wirkungen niemandem die Schuld zuweist, am wenigsten der Person, die darunter leidet. Es geht um Verständnis, nicht um Verurteilung. Verständnis ebnet den Weg für Mitgefühl - sowohl für sich selbst als auch für andere - und macht den Weg für die Genesung frei. Wenn wir uns der Heilung zuwenden, geht es nicht nur darum, unsere Beziehung zum Essen zu verbessern, sondern wir sind auf dem Weg, unser ganzes Selbst, unser Glück und unser Leben zurückzuerobern.

Bereit für den nächsten Schritt werden wir das erhebende Reich der Selbstakzeptanz erkunden und herausfinden, wie wir unseren Körper in seiner ganzen Vielfalt feiern können. Die Reise verläuft nicht immer reibungslos, aber jede gemeisterte Herausforderung ist ein Beweis für deine Stärke und Belastbarkeit - Qualitäten, die wirklich Bewunderung und Liebe verdienen.

Kapitel 7: Die Reise der Selbstakzeptanz

Während wir durch das dichte Gestrüpp von Selbstzweifeln und gesellschaftlichen Erwartungen waten, begeben wir uns auf eine tiefgreifende Reise zur Selbstakzeptanz. Es ist, als würde man einen verworrenen Faden entwirren - einen, der aus den Fäden dessen, was wir glauben, dass wir sein sollten, und dem, was wir wirklich sind, gewoben ist. Seien wir ehrlich, diese Suche ist nichts für schwache Nerven. Die Konfrontation mit den Macken unserer Persönlichkeit, den Kurven unseres Körpers oder dem einzigartigen Rhythmus unseres eigenen Trommelschlags kann sich überwältigend anfühlen. Aber genau darum geht es doch, oder? Sich in das Unbehagen hineinzuversetzen, jeden Zentimeter unseres Wesens zu umarmen, auch wenn es gegen die angesagtesten Modeerscheinungen oder die glattesten Fotoshops der Perfektion verstößt. Und meine Güte, die Befreiung, die von dieser Umarmung ausgeht - es ist wie ein Tanz im Regen, ungebändigt und ungeschrieben. Es ist die Anerkennung der Tatsache, dass wir manchmal ein Chaos aus Unsicherheiten sind, aber auch ein Meisterwerk aus Potenzial. Mit jedem Schritt, den wir tun, um uns in unserer Gesamtheit zu lieben, mit jedem Akt der Freundlichkeit, der nach innen gerichtet ist, kommen wir der Akzeptanz nicht nur näher - wir leben sie bereits. Wenn wir die Schichten von Kritik und Scham, die wir zu lange getragen haben, abstreifen, enthüllen wir die radikalste Wahrheit von allen: Du bist bereits und warst schon immer deiner eigenen Liebe würdig.

Schritte zur radikalen Selbstliebe Stellen Sie sich Folgendes vor: Sie sind auf einem Weg, und zwar nicht irgendeinem, sondern einem, der zu der innigsten Beziehung führt, die Sie je erleben werden - der Beziehung zu sich selbst. Es ist Zeit für ein echtes Gespräch, das Sie zu radikaler Selbstliebe anleitet. Es ist mehr als nur Selbstpflege-Sonntage und positive Affirmationen; es ist ein Aufstand in Ihrer Seele, der nach Liebe für jeden Zentimeter und jeden Aspekt dessen, was Sie sind, schreit.

Zuallererst sollten Sie sich eingestehen, wo Sie stehen - keine Beschönigungen, keine Ausreden. Es geht darum, zu erkennen, dass die Reise, auf die du dich begibst, vielleicht kein Zuckerschlecken ist. Aber das ist völlig in Ordnung. Es geht darum, Ihr eigener bester Freund zu werden, in den Höhen, in den Tiefen und in den Momenten, die Sie überraschen.

Beginnen Sie damit, sich Momente zu nehmen, in denen Sie mit sich selbst sprechen. Sind Sie freundlich mit Ihrem inneren Dialog? Die Worte, die wir uns selbst zuflüstern, können entweder honigsüß oder giftig sein, und es ist wichtig, dass Sie zu selbstmitfühlenden Gesprächen übergehen. Fangen Sie klein an, machen Sie sich vielleicht einmal am Tag ein Kompliment, und beobachten Sie, wie diese Samen der Freundlichkeit zu einem Garten der Selbstliebe erblühen.

Ein Tagebuch kann auf dieser Suche ein mächtiges Werkzeug sein. Es ist, als ob Sie Ihrem Herzen und Ihrem Verstand einen Spiegel vorhalten, in dem Sie die Schönheit Ihrer Gedanken und Gefühle sehen können, die sich auf dem Blatt ausbreiten. Schreiben Sie über Ihre Triumphe, Ihre Ängste und Ihre Träume. Lassen Sie es unverfälscht, lassen Sie es echt sein. Es geht nicht nur darum, etwas in ein Notizbuch zu kritzeln - es geht darum, deine Geschichte zu deinen Bedingungen zu erzählen.

Der Schlüssel auf dieser Reise ist, deine Einzigartigkeit zu erkennen. Feiern Sie, was Sie ausmacht - von den Macken, die Sie zum

Lachen bringen, bis hin zu den Merkmalen, die Sie von anderen unterscheiden. Es geht darum, Ihre Individualität zu würdigen und den Vergleich mit anderen loszulassen. Vergleiche sind ein Dieb der Freude, und Sie haben alle Freude der Welt verdient.

Schmeicheln Sie Ihrem Körper, er ist der einzige, den Sie haben. Suchen Sie sich eine Bewegung, bei der Sie sich wohlfühlen, sei es beim Tanzen, Wandern oder Dehnen beim Yoga. Es geht nicht darum, Kalorien zu verbrennen oder Ihren Körper zu "reparieren" - es geht darum, Liebe durch Handeln zu zeigen und Freude an dem zu finden, was Ihr Körper tun kann.

Umgeben Sie sich mit körperpositiven Vibes. Wenn Ihre Social Media Feeds mit unrealistischen Erwartungen gefüllt sind, ist es Zeit für eine Entschlackung. Folgen Sie Menschen, die Sie aufrichten, die die Vielfalt der Schönheit repräsentieren und die Liebe zu allen Formen und Größen predigen. Lassen Sie sich täglich daran erinnern, dass Schönheit keine Einheitsgröße ist.

Üben Sie sich darin, Grenzen zu setzen, sowohl geistig als auch körperlich. Das bedeutet, dass Sie lernen, Nein zu sagen zu Situationen oder Gewohnheiten, die nicht im Einklang mit der Selbstliebe stehen. Es bedeutet auch, Ihre Energie zu schützen. Wenn andere Ihren Weg nicht respektieren können, ist es vielleicht an der Zeit, ihren Platz in Ihrem Leben neu zu bewerten.

Als Nächstes sollten Sie in die Kunst der Achtsamkeit eintauchen. Das ist mehr als nur ein Schlagwort - es geht darum, mit sich selbst präsent zu sein. Achten Sie darauf, wie Sie sich bei Nahrungsmitteln fühlen, hören Sie auf die Signale Ihres Körpers und respektieren Sie seine Weisheit. Diese Verbindung zwischen Geist und Körper ist sowohl zart als auch kraftvoll. Pflegen Sie sie.

Erinnern Sie sich, dass Selbstliebe auch Selbstvergebung beinhaltet. Es wird nicht von Ihnen erwartet, dass Sie es immer richtig machen. Es wird Tage geben, an denen sich der Spiegel wie ein Feind anfühlt und sich alte Unsicherheiten einschleichen. Vergeben Sie sich selbst, reiten Sie auf der Welle der Emotionen und kehren Sie jedes Mal zu Ihrem Selbstmitgefühl zurück.

Sein Sie kreativ in der Art und Weise, wie Sie sich ausdrücken. Sei es durch Mode, Kunst oder die Musik, die Sie in Ihrem Zimmer hören, nutzen Sie diese Möglichkeiten, um Ihre Individualität zu bekräftigen. Ausdruck ist eine Form der Selbstliebe, eine Art, der Welt zu sagen: "Das bin ich, und ich bin genug."

Suchen Sie nach Unterstützung, wenn Sie sie brauchen. Diese Reise muss keine Solo-Mission sein. Wenden Sie sich an Freunde, Familienmitglieder oder Gemeinschaften, die Sie verstehen, die Sie in Ihrem Wachstum unterstützen und die Ihnen eine Schulter bieten, wenn der Weg steinig wird. Sie sind nicht allein.

Eines der umwälzendsten Dinge, die Sie tun können, ist, Ihre Erfahrungen in Gelegenheiten zu verwandeln, andere zu unterstützen und aufzurichten. Wenn Sie Ihre Geschichte mit anderen teilen, können Sie ihnen den Weg zur Selbstliebe ebnen. Indem Sie geben, empfangen Sie, und diese Gegenseitigkeit kann Ihr Wachstum exponentiell vorantreiben.

Experimentieren Sie damit, ja zu Dingen zu sagen, die Ihnen ein wenig Angst machen. Selbstvertrauen entsteht, indem man aus seiner Komfortzone heraustritt und sich selbst beweist, dass man zu mehr fähig ist, als man dachte. Jeder kleine Sieg in diesem Bereich ist wie ein Liebesbrief an Ihr Potenzial.

Schließlich sollten Sie sich immer wieder daran erinnern, dass radikale Selbstliebe ein sich entwickelnder Prozess ist. Sie hat keine Ziellinie, sondern dehnt sich mit der Zeit immer weiter aus und vertieft sich. Wie der Himmel, der sich weit über das hinaus ausdehnt, was das Auge sehen kann, ist auch Ihre Fähigkeit zur Selbstliebe grenzenlos.

Bleiben Sie also dran, wachsen Sie weiter und lassen Sie radikale Selbstliebe Ihr Leben erleuchten wie die Sterne die Nacht.

Den eigenen Körper zu feiern ist kein Modewort oder ein vorübergehender Trend zur Selbstfürsorge. Es ist der magnetische Puls der Selbstliebe, der durch jede Zelle deines Wesens schwingt. Sie haben sich auf eine bedeutungsvolle Reise durch die Kapitel begeben, die wir miteinander geteilt haben, und dabei die Verflechtung von Kultur, Medien und Familie bei der Gestaltung des Körperbildes erlebt. Aber hier erreichen wir einen persönlichen Höhepunkt, einen Ort, an dem das Wesen dessen, was Sie sind, aufrecht steht und nicht von Missverständnissen und Vergleichen überschattet wird.

Feiern mag sich wie ein fremdes Konzept anfühlen vor einem Hintergrund, in dem Kritik und Unzufriedenheit oft den Vorrang haben. Betrachten wir jedoch die Kunst des Feierns. Es geht nicht darum, eine Party für Perfektion zu schmeißen; es geht darum, die Reise, das Wachstum, die Widerstandsfähigkeit Ihres Körpers und seine standhafte Begleitung durch die Höhen und Tiefen Ihres Lebens anzuerkennen.

Verstehen Sie das: Ihr Körper ist außergewöhnlich. Nicht, weil er bestimmte Standards erfüllt oder nicht erfüllt oder weil er sich mit anderen um Sie herum vergleicht. Er ist außergewöhnlich, weil er einzigartig ist. Jede Narbe, jede Kurve, jede Sommersprosse ist ein Zeugnis der Geschichte, die nur Sie für sich beanspruchen können.

Nehmen Sie sich einen Moment Zeit, um über die einfachen und doch tiefgreifenden Handlungen nachzudenken, die Ihr Körper ohne Aufforderung ausführt. Dein Herz schlägt pflichtbewusst und treibt dich durch Momente der Freude und des Leids. Ihre Lunge nimmt die Luft auf, die mit der Essenz des Lebens selbst gefüllt ist. Es ist ein Wunder, nicht wahr? Wie Ihr Körper als unerschütterliches Gefäß für Ihren Geist, Ihre Gedanken und Ihre Träume dient.

Wie feiern wir also ein so komplexes Meisterwerk? Wir beginnen damit, uns auf seine Bedürfnisse einzustellen und mit Freundlichkeit zu reagieren. Wenn du durstig bist, trinke. Wenn du müde bist, ruhe dich aus. Dafür zu sorgen, dass deine körperliche Form gepflegt und respektiert wird, ist ein grundlegender Bestandteil der Wertschätzung deines Körpers.

Aber es geht um mehr. Beim Feiern geht es auch um Dankbarkeit - eine kraftvolle Verschiebung des Fokus von dem, was Sie sich anders wünschen, hin zur Wertschätzung dessen, was ist. Wenn Sie sich darin üben, für Ihren Körper dankbar zu sein, kann sich Ihr innerer Dialog von einer Geringschätzung zu einer Wertschätzung wandeln. "Ich bin dankbar für meine starken Beine, die es mir ermöglichen, zu laufen" oder "Ich schätze meine Augen, denn sie lassen mich die Farben der Welt sehen", können die Art von täglichen Affirmationen sein, die die positive Einstellung stärken.

Widerstehen Sie dem Drang, dem Vergleich zum Opfer zu fallen. In einer Welt, in der es nur so von Bildern geputzter Models und Prominenter wimmelt, ist es schwierig, sich nicht mit diesen Illusionen von Perfektion zu messen. Aber hier ist die Wahrheit: Wir sind nicht dazu bestimmt, Kopien von einander zu sein. Ihre Einzigartigkeit ist kein Makel, sondern ein Grund zum Feiern.

Und wenn Sie schon dabei sind, werfen Sie die "Eines Tages"-Mentalität über Bord. Lebe und liebe deinen Körper im Jetzt - nicht, wenn du ein paar Pfunde abnimmst, nicht, wenn du Muskeln zulegst, und schon gar nicht, wenn die wankelmütigen Schönheitsnormen der Gesellschaft dir ein gutes Zeugnis ausstellen. Sie sind es wert, in dieser Sekunde mit Freude, Selbstvertrauen und Freude gefeiert zu werden, so wie Sie sind.

Auch sollten wir uns neu vorstellen, was es bedeutet, unseren Körper zu bewegen. Bewegung sollte keine Bestrafung oder nur ein Mittel zum Zweck sein. Es ist ein Fest der Bewegung, ein Tanz mit der

Schwerkraft, der die Mechanik und Anmut Ihrer körperlichen Form ehrt. Suchen Sie sich Aktivitäten, die Sie mit Freude erfüllen, die Ihr Herz vor Aufregung schlagen lassen, anstatt sich zu fürchten. Ob Sie in Ihrem Zimmer tanzen, wandern oder Ihrem Hund hinterherjagen, lassen Sie Bewegung zu einer freudigen Hommage an Ihre Vitalität werden.

Wenn Sie in den Spiegel schauen, üben Sie sich darin, sich selbst mit dem gleichen Mitgefühl zu betrachten, das Sie einem lieben Freund entgegenbringen würden. Ersetzen Sie Kritik durch Freundlichkeit, und beobachten Sie, wie sich Ihr Spiegelbild verändert, ohne dass sich die Glasscheibe überhaupt verändern muss. Dies ist eine Transformation von innen nach außen, die mit Ihrer Wahrnehmung beginnt.

Kleiden Sie Ihren Körper so, dass er Ihre Persönlichkeit zum Ausdruck bringt, und nicht so, wie Sie glauben, dass andere es von Ihnen erwarten. Sich mit Kleidung zu schmücken, in der Sie sich wohlfühlen, ist eine unterschätzte Form der Selbstverherrlichung. Ihre Mode ist Ihr Statement an die Welt; machen Sie sie authentisch.

Nutzen Sie Ihre Stimme, um Ihren Wert zu bekräftigen. Sprechen Sie positiv über sich selbst und beteiligen Sie sich nicht an giftigen Diskussionen, die das Body Shaming aufrechterhalten - selbst wenn es nur unter Freunden ist. Die Kultur verändert sich, wenn der Einzelne sich entschlossen für Veränderungen einsetzt, und das fängt damit an, wie Sie über sich selbst und andere sprechen.

Es ist auch wichtig, dass Sie sich mit anderen umgeben, die Sie aufrichten, anstatt Sie zu schmälern. Wenn Sie Ihren Körper feiern, sollten Sie sich auf eine Gemeinschaft stützen, die Ihr Engagement für eine positive Körperhaltung unterstützt. Menschen, die Ihr Licht sehen und Ihnen helfen, zu strahlen, sind auf diesem Weg von unschätzbarem Wert.

Letzen Endes sollten Sie daran denken, dass Selbstliebe eine fortlaufende Praxis ist. Ihren Körper zu feiern, ist kein einmaliges Ereignis, sondern eine lebenslange Reise. Es mag Tage geben, an denen Ihnen nicht nach Feiern zumute ist, und das ist in Ordnung. An solchen Tagen sollten Sie sich ein wenig mehr auf die Praktiken konzentrieren, die Ihren Wert in den Mittelpunkt stellen, und sich daran erinnern, dass der morgige Tag eine neue Chance ist, wieder anzufangen.

Jeder Schritt, den Sie tun, um Ihren Körper zu feiern, ist ein Schritt weg von den Fesseln der Scham und der Selbstzweifel. Seien Sie sanft zu sich selbst, während Sie dieses Terrain durchqueren. Dein Körper ist mehr als ein physischer Raum - er ist die Heimat deines tiefsten Wesens, und das ist es vor allem wert, jeden einzelnen Tag zu feiern.

Kapitel 8: Körper und Seele nähren

Nachdem wir die Wendungen auf dem Weg zur Selbstakzeptanz angenommen haben, sind wir an einem Punkt angelangt, an dem wir uns selbst nähren und in den Mittelpunkt stellen. Auf dieser Reise geht es nicht um ein restriktives Regelwerk für das, was auf den Teller kommt, sondern darum, eine Beziehung zum Essen und zu Aktivitäten zu entwickeln, die das Leben feiern. Stellen Sie es sich so vor: Sie sind ein Künstler, Ihr Körper ist Ihre Leinwand, und die Entscheidungen, die Sie treffen, sind die leuchtenden Farben, die das Meisterwerk zum Leben erwecken. Essen ist nicht nur ein Akt, es ist eine Gelegenheit, Ihre Gesundheit mit jedem köstlichen Bissen neu zu gestalten. Und Bewegung? Sie ist keine Strafe, die von einem strengen Sportlehrer verhängt wird, sondern eine Form des Selbstausdrucks, ein Tanz mit der Schwerkraft, der uns daran erinnert, dass wir leben. Es geht darum, ein Gleichgewicht zu finden, in dem Genuss und Achtsamkeit gemeinsam an einem Tisch sitzen, lachen und Geschichten erzählen. Wenn wir unseren Körper, unseren Geist und unsere Seele mit den Dingen füttern, die sich gut und richtig für uns anfühlen, raten Sie mal, was dann passiert? Sie funktionieren nicht nur - sie blühen auf. Jede Mahlzeit, jedes Strecken, jeder tiefe Atemzug unter freiem Himmel ist eine Liebeserklärung an uns selbst. Wecken wir also unsere Sinne für die Freude an einem ausgewogenen Lebensstil - nicht, weil wir es sollten", sondern weil wir es wert sind. Begeben wir uns auf diese Entdeckungsreise, nicht nur um zu überleben, sondern um in den leuchtendsten Farben von Gesundheit und Glück zu gedeihen.

Gesunde Essgewohnheiten Wenn wir uns mit dem Wesen der Ernährung unseres Körpers befassen, sollten wir uns ehrlich darüber unterhalten, was "gesunde Ernährung" wirklich bedeutet. Es geht nicht um strenge Diäten oder darum, uns für die Liebe zu einem Keks zu bestrafen - Sie haben wahrscheinlich inzwischen erkannt, dass diese kurzfristigen Lösungen wie Windböen sind, die kommen und gehen, ohne viel Wirkung zu zeigen. Stattdessen geht es bei einer gesunden Ernährung darum, sich Gewohnheiten anzueignen, die den Körper nähren, mit der Seele in Einklang stehen und Freude ins Leben bringen, nicht Stress oder Schuldgefühle.

Lichtet man den Nebel der Mythen der Diätkultur, wird eines klar: Essgewohnheiten sind etwas Persönliches, und was für den einen gesund ist, kann für den anderen anders sein. Es ist wie beim Zusammensetzen eines Puzzles: Jedes Teil steht für einen anderen Aspekt Ihrer Ernährung, und es braucht Zeit, um herauszufinden, wo jedes Teil hingehört. In diesem Abschnitt geht es nicht darum, Ihnen Ihre Mahlzeiten vorzuschreiben, sondern vielmehr darum, Sie zu befähigen, sachkundige und achtsame Entscheidungen zu treffen, die Ihnen und Ihrem Körper zugute kommen.

Ein ausgewogenes Verhältnis auf Ihrem Teller ist ein guter Ausgangspunkt. Der Zauber liegt in der Vielfalt - Obst, Gemüse, Eiweiß, Getreide und Fette, die alle ihre eigenen Nährstoffe und Geschmacksrichtungen mitbringen. Stellen Sie sich Ihren Teller als farbenfrohe Leinwand vor, auf der jeder Strich nährstoffreicher Lebensmittel zu einem Meisterwerk beiträgt, das sowohl das Auge erfreut als auch Ihrem Körper gut tut.

Und hey, auch wenn Ausgewogenheit der Schlüssel ist, lassen Sie uns ehrlich sein - Perfektion ist ein Mythos. Es ist völlig in Ordnung, wenn Ihr Teller an manchen Tagen eher wie ein monochromes Gemälde als wie ein Regenbogen aussieht. Wichtig ist, dass du die Grundlagen der Ernährung verstehst, damit du Entscheidungen treffen kannst, die dir gut tun und gut schmecken. Die Zusammenstellung einer Mahlzeit aus Proteinen, Kohlenhydraten und Fetten ist kein Hexenwerk, sondern nur ein einfacher Schritt auf dem Weg zu einer vernünftigen Ernährung.

Lassen Sie uns nun über das Hören auf Ihren Körper sprechen. Der Appetit ist nicht nur ein Signal zum Essen, er ist eine Botschaft. Manchmal flüstert er, manchmal schreit er, aber in jedem Fall sagt er Ihnen, was er braucht. Hungerzeichen gibt es aus einem bestimmten Grund, also respektieren Sie sie. Essen Sie, wenn Sie hungrig sind, hören Sie auf, wenn Sie satt sind, und lassen Sie sich auf die natürlichen Bedürfnisse Ihres Körpers ein.

Eine achtsame Essenspraxis zu entwickeln, ist so, als würde man sich auf ein Lieblingslied einstimmen und es wirklich hören. Es geht darum, den Geschmack zu genießen, langsam zu kauen und die Empfindungen und die Befriedigung zu schätzen, die das Essen mit sich bringt. Dabei geht es nicht nur um Genuss, sondern auch darum, mit dem Körper in Kontakt zu treten und seine Signale zu erkennen, bevor es zu Unwohlsein kommt.

Auch die Flüssigkeitszufuhr wird großgeschrieben. Ihr Körper besteht zum größten Teil aus Wasser, und ihn mit Flüssigkeit zu versorgen ist wie das Gießen einer Pflanze. Sie würden Ihre Lieblingspflanze doch auch nicht vertrocknen lassen, oder? Das Gleiche gilt für dich. Suchen Sie sich eine Wasserflasche, die Ihnen gefällt, stellen Sie sie in die Nähe und trinken Sie sich in den Flüssigkeitshimmel. Es ist eine der einfachsten Gewohnheiten, die man sich aneignen kann und die einen großen Gewinn an Energie und Gesundheit bringt.

Kein Gespräch über gesunde Ernährung ist vollständig, ohne den Elefanten im Raum anzusprechen: Einschränkung. Wenn eine Diät Ihnen sagt, dass Sie nie wieder etwas davon essen dürfen, sollten die Alarmglocken läuten. Verbotene Früchte schmecken einfach süßer, oder? Anstatt also Lebensmittel zu verbieten, sollten Sie überlegen, wie Sie sie auf eine Art und Weise einbauen können, die Ihnen ein gutes Gefühl gibt. Es geht darum, einen Mittelweg zu finden, bei dem Sie Leckereien genießen können, ohne dass sie das Zentrum Ihres Universums sind.

Widerstandsfähigkeit ist das A und O, wenn es darum geht, gesunde Gewohnheiten zu entwickeln und beizubehalten. Es wird Tage geben, an denen Gemüse das Letzte ist, woran Sie denken, und das ist gut so. Es kommt darauf an, was Sie die meiste Zeit über tun, nicht was Sie gelegentlich tun. Resilienz zu entwickeln bedeutet, sich nicht selbst für diese Momente zu bestrafen, sondern zu Gewohnheiten zurückzufinden, die Ihnen gut tun.

Lassen Sie uns die soziale Seite des Essens nicht vergessen. Bei den Mahlzeiten geht es nicht nur um die Nahrungsaufnahme, sondern auch um Rituale der Verbundenheit. Teilen Sie das Essen mit Freunden, schaffen Sie Traditionen und erkennen Sie, dass das Essen in Ihrem sozialen Leben eine ebenso wichtige Rolle spielt wie sein Nährwert. Es geht um Gemeinschaft, Lachen und Erinnerungen am Esstisch.

Das Planen und Zubereiten eigener Mahlzeiten kann mehr bewirken, als Sie denken. Es hilft Ihnen, die Kontrolle darüber zu behalten, was in Ihren Körper gelangt, und erlaubt Ihnen, mit Aromen und Texturen zu experimentieren. Es ist auch eine Form der Selbstfürsorge - sich die Zeit zu nehmen, sich selbst zu ernähren, ist ein starkes Zeichen der Selbstliebe.

Eine weitere Facette gesunder Ernährung ist das Wissen darum, woher die Lebensmittel stammen. Es verbindet Sie mit der Erde, den Landwirten und dem Weg, den Ihr Essen zurückgelegt hat, bis es auf Ihrem Teller landet. Es geht um den Respekt vor dem Prozess und um die Anerkennung der Ressourcen, die Sie versorgen. Die Erkundung lokaler Märkte kann sehr aufschlussreich sein, ganz zu schweigen davon, dass Sie vielleicht ein paar erstaunliche frische Perlen direkt in Ihrer Nachbarschaft entdecken.

Zu guter Letzt: Seien Sie nachsichtig mit sich selbst. Sie bewegen sich in einer Welt, in der die Botschaften über Lebensmittel und Körper verwirrend und oft widersprüchlich sein können. Denken Sie daran, dass Ihr Wert nicht von Ihrer Ernährung abhängt. Ihr Körper ist unglaublich und zu so vielem fähig - er ist der einzige, den Sie haben, also behandeln Sie ihn mit Freundlichkeit.

Gesunde Ernährung ist Teil einer größeren Reise der Selbstakzeptanz und Körperfreundlichkeit. Lassen Sie es eine Entdeckungsreise sein, nicht nur über Lebensmittel und Geschmacksrichtungen, sondern darüber, wie Sie mit sich selbst und der Welt um Sie herum in Verbindung stehen. Hier geht es nicht um Regeln, sondern um Freiheit - die Freiheit zu wählen, zu genießen, zu lieben und voll und ganz zu leben.

Im nächsten Abschnitt werden wir auf diesen Ideen aufbauen und uns ansehen, wie gesunde Gewohnheiten über die Ernährung hinausgehen und alle Aspekte eines ausgewogenen Lebensstils umfassen. Aber denken Sie daran, dass die Ernährung Ihres Körpers ein Akt der Liebe ist - einer, der es wert ist, dass Sie Ihr Herz und Ihre Zeit dafür investieren.

Balanced Lifestyle Choices bedeutet, alle Dimensionen des Wohlbefindens zu fördern. Es geht darum, ein Leben zu gestalten, das sich innerlich gut anfühlt und nicht nur äußerlich gut aussieht. Wir haben uns damit befasst, wie man den Körper mit gesunden Lebensmitteln ernährt, aber nun wollen wir uns näher damit befassen, was es bedeutet, ein ausgewogenes Leben zu führen, insbesondere in unserer modernen, schnelllebigen Welt.

Ein ausgewogener Lebensstil bezieht sich nicht nur auf die Ernährung, sondern auch auf Schlaf, körperliche Aktivität,

Entspannung und persönliche Interessen. Es ist verlockend zu glauben, dass stundenlanges Training im Fitnessstudio das goldene Ticket für ein gutes Körpergefühl ist, aber das ist nur ein Teil des Puzzles. Wenn Sie regelmäßig bis 3 Uhr morgens aufbleiben, um Ihre Lieblingsserie zu sehen, und sich dann am nächsten Tag über dunkle Augenringe ärgern, ist es an der Zeit, ein paar sanfte Mahnungen für den Feierabend aufzustellen. Ein Ziel von 7 bis 9 Stunden Schlaf kann mehr helfen, als Sie vielleicht denken.

Es geht darum, sich auf die Bedürfnisse Ihres Körpers einzustellen, und nicht darum, sich über sie hinwegzusetzen. Wenn Sie müde sind, ruhen Sie sich aus. Wenn Sie aufgedreht sind, bewegen Sie sich. Bewegung muss keine lästige Pflicht sein oder auf Ihrer To-Do-Liste abgehakt werden. Suchen Sie sich Aktivitäten, die Sie aufheitern, die Endorphine in die Höhe schießen lassen und Ihnen ein echtes Lächeln entlocken - ein Tanzkurs, ein Spaziergang mit Ihrem Hund oder sogar ein Tanzabend im Wohnzimmer.

Apropos Aktivitäten, die Freude machen: Lassen Sie uns über Hobbys sprechen. Die Zeit, die Sie in das investieren, was Ihre Seele zum Singen bringt, ist genauso wichtig wie die Zeit, die Sie in Ihre Arbeit oder Ausbildung investieren. Hobbys sind keine Flucht vor der Realität; sie sind eine Umarmung dessen, was das Leben schmackhaft macht. Ob Kunst, Musik, Programmierung oder Gartenarbeit - Ihre Leidenschaften sind nicht ohne Grund da. Hören Sie auf sie, nähren Sie sie und sehen Sie zu, wie sie zusammen mit Ihrem Selbstvertrauen aufblühen.

Aber bei all dem, was Sie gerade tun - Schule, Arbeit, Freunde - kann es unmöglich erscheinen, durchzuatmen, geschweige denn ein Gleichgewicht zu finden. Genau dabei kann Achtsamkeit helfen. Wenn Sie in Ihrem Tag Momente der Achtsamkeit einplanen, ist das so, als würden Sie Ihrem Geist eine Chance zum Atmen geben. Es muss nicht gleich eine ganze Meditationssitzung sein (es sei denn, Sie stehen darauf), schon ein paar Minuten, in denen Sie sich zentrieren, können einen spürbaren Unterschied ausmachen.

Wie Sie in diesen achtsamen Momenten zu sich selbst sprechen, ist von enormer Bedeutung. Durch die Praxis der Selbstliebe können Sie sich gegen den Druck wappnen, den gesellschaftlich auferlegten Schönheitsnormen zu entsprechen. Das Flüstern von Affirmationen kann transformierend wirken - versuchen Sie, "Ich bin mehr als genug" zu sagen und es in jeder Faser Ihres Wesens zu spüren.

Und was ist, wenn Sie das Gefühl haben, dass die Welt zu viel verlangt? Hier kommen die Grenzen ins Spiel. Grenzen zu setzen ist ein Akt der Selbstliebe und eine Anerkennung Ihres Wertes. Seien Sie sich darüber im Klaren, was Sie von anderen brauchen und wo Ihre Grenzen liegen. Es ist völlig in Ordnung, nein zu sagen, die Party ausfallen zu lassen und sich stattdessen in eine Decke eingewickelt mit Ihrem Lieblingsbuch zurückzuziehen, um Ihrem Bedürfnis nach Ruhe nachzukommen.

Auf der anderen Seite kann die Verbindung mit anderen unglaublich nährend sein. Pflegen Sie Beziehungen zu Menschen, die Ihren inneren Wert anerkennen und feiern, unabhängig von Äußerlichkeiten. Enge Freunde oder ein Mentor können einen Raum bieten, in dem das Gespräch nicht von Diätgesprächen oder Körpervergleichen dominiert wird, sondern von gemeinsamen Interessen und Lachen - von der Art, die aus dem Bauch aufsteigt und sich anfühlt, als würde sie etwas tief im Inneren heilen.

Wasserzufuhr und Ernährung sollten nicht außer Acht gelassen werden, wenn es um einen ausgewogenen Lebensstil geht. Wasser ist der Freund und Verbündete Ihres Körpers, und auf die Hunger- und Sättigungssignale zu hören, die Ihr weiser Körper gibt, ist ermutigend. Essen Sie, um zu erhalten und zu genießen, nicht um zu bestrafen oder zu belohnen, und vertrauen Sie darauf, dass Ihr Körper ein Experte für seine Aufgabe ist.

Bei der Ausgewogenheit geht es jedoch nicht um Perfektion oder darum, Regeln bis ins kleinste Detail zu befolgen. Es geht um das übergreifende Thema, wie Sie Ihr Leben leben und wie Sie nach einem Ausschlag in die eine oder andere Richtung wieder ins Gleichgewicht kommen.

Es ist auch wichtig, sich daran zu erinnern, dass Ihr ausgewogener Lebensstil einzigartig für Sie ist. Was sich für jemand anderen ausgewogen anfühlt, kann sich für Sie überwältigend oder unzureichend anfühlen. Nehmen Sie sich also Zeit, um auszuprobieren, was sich für Sie richtig anfühlt, und passen Sie es entsprechend an. Es ist in Ordnung, wenn sich Ihre Definition von Ausgewogenheit weiterentwickelt, während Sie wachsen und mehr über sich selbst lernen.

Wenn es darum geht, all diese Elemente umzusetzen, sollten Sie klein anfangen. Inkrementelle Veränderungen sind nachhaltiger als eine Umstellung von heute auf morgen. Vielleicht fangen Sie damit an, Ihre Schlafenszeit anzupassen, kurze Spaziergänge zu machen oder zehn Minuten pro Tag für ein Hobby zu reservieren. Diese kleinen Schritte summieren sich und bringen Ihr Leben Stück für Stück in ein besseres Gleichgewicht.

Erinnern Sie sich daran, dass Gleichgewicht kein Ziel ist, sondern ein dynamischer Zustand des Seins. Je nachdem, wie das Leben verläuft, werden sich Ihre Bedürfnisse ändern und die Art und Weise, wie Sie Ihr Gleichgewicht aufrechterhalten, wird sich ebenfalls ändern. Das ist nicht nur zu erwarten, es ist ein schöner Teil des Menschseins.

Geben Sie sich mit der Fließfähigkeit des Lebens zufrieden und erlauben Sie sich die Gnade, Ihr Gleichgewicht nach Bedarf zu suchen und neu auszurichten. Dies ist keine Forderung nach Beständigkeit - es ist eine Einladung, mit dem Leben zu tanzen, sich mit dem Auf und Ab zu bewegen, ohne zu urteilen. Finden Sie Ihren Rhythmus und achten Sie nicht nur auf die Bedürfnisse Ihres Körpers, sondern auch auf die Ihres Herzens und Ihres Geistes.

So, während Sie sich vorwärts bewegen, denken Sie daran, dass Gleichgewicht persönlich ist, dass es verzeihend ist und dass es in Ihnen liegt. Sie haben die unglaubliche Möglichkeit, ein Leben aufzubauen, das Sie in Ihrem jetzigen Zustand wertschätzt und gleichzeitig die Person, die Sie werden wollen, ermutigt. Sich selbst mit Liebe und Respekt zu behandeln, seinen Wert anzuerkennen und sich zu einem Lebensstil zu verpflichten, der diese Überzeugung widerspiegelt, ist vielleicht der radikalste Akt der Selbstliebe, den Sie unternehmen können.

Kapitel 9: Den Kreislauf durchbrechen

Stellen Sie sich vor, Sie stehen am Rande eines vertrauten Kreises, den Sie schon unzählige Male durchschritten haben. Sie kennen jeden Zentimeter seiner Begrenzung, die negativen Gedanken, die bei jedem Schritt um ihn herum widerhallen. Es ist dieselbe alte Routine der Selbstkritik, die wie eine kaputte Schallplatte in Ihrem Kopf läuft und Ihnen sagt, dass Sie nicht genug sind, weil Sie nicht in eine absurde, enge Form passen. Aber jetzt kommt der Clou: Sie können aus diesem Kreislauf aussteigen. Es wird nicht einfach sein, aber es ist möglich, und die Vorteile sind immens. Alles beginnt mit der bewussten Entscheidung, diese müden, alten, negativen Gedanken jedes Mal zu bekämpfen, wenn sie auftauchen. Ersetzen Sie sie durch Affirmationen, die die einzigartige Person feiern, die Sie schon immer sein sollten. Dabei geht es nicht darum, Ihre Gefühle zu verwerfen, sondern sie als das zu erkennen, was sie sind: bloße Gedanken, keine endgültigen Wahrheiten. Wenn Sie dies praktizieren, werden Sie einen Garten der Positivität kultivieren, der von innen heraus erblüht und die Art und Weise, wie Sie jeden Tag mit sich selbst und der Welt umgehen, verändert. Es geht darum, die Splitter des Selbstzweifels zu nehmen und sie zu einem Mosaik aus Selbstakzeptanz und Liebe zu formen. Schritt für Schritt wirst du den Kreislauf der Kritik in einen Weg der Ermächtigung verwandeln und eine Geschichte erschaffen, die dich erhebt und unterstützt, eine, in der es darum geht, das Wunder zu umarmen, unapologetisch du zu sein.

Negative Gedanken herausfordern fließt natürlich aus der Quelle der Themen, die wir erforscht haben - von der Erkennung der giftigen Auswirkungen der Diätkultur bis zum Verständnis der Einflüsse von Medien und Gesellschaft auf unser Körperbild. Jetzt ist es an der Zeit, diese negativen Gedanken zu bekämpfen und das Ruder in Richtung Selbstliebe herumzureißen. Wahrscheinlich ist Ihnen inzwischen klar geworden, dass Sie zwar nicht immer kontrollieren können, was Ihnen in den Sinn kommt, dass Sie aber die Macht haben, diese Gedanken zu bekämpfen und umzugestalten.

Zunächst einmal sollten wir uns über eines im Klaren sein: Ihre Gedanken sind unglaublich mächtig. Sie können entweder Ihre Verbündeten oder Ihre Feinde sein. Negative Gedanken, die Ihnen sagen, dass Sie nicht genug sind oder dass Sie sich ändern müssen, um geschätzt zu werden, können Sie davon abhalten, sich selbst zu akzeptieren und Ihr bestes Leben zu leben. Aber ich verrate Ihnen ein kleines Geheimnis: Sie können sie herausfordern, und Sie können gewinnen.

Sich Ihrer Gedankenmuster bewusst zu werden, ist wie ein Blick unter die Motorhaube eines Autos. Sie müssen verstehen, was Ihre Gefühle antreibt, um sie in den Griff zu bekommen. Erwischen Sie oft diese lästigen negativen Gedanken, die sich in Ihr Gehirn schleichen, wie ungebetene Gäste auf einer Party? Diese Gedanken können von flüchtigen Zweifeln an Ihrem Aussehen bis hin zu tief sitzenden Überzeugungen reichen, dass Sie nicht würdig sind, wenn Sie nicht auf eine bestimmte Weise aussehen. Sie zu erkennen, ist der erste Schritt.

Haben Sie schon einmal von kognitiven Verzerrungen gehört? Das sind Denkmuster, die nicht ganz korrekt sind - ein bisschen so, als würde man in einen Spiegel schauen, der die eigene Gestalt verzerrt. Diese zu erkennen, kann sehr aufschlussreich sein. Es gibt zum Beispiel das "Alles-oder-Nichts-Denken", bei dem Sie alles in Schwarz und Weiß sehen. Wenn Sie nicht in eine bestimmte Größe passen, denken

Sie automatisch, dass Sie ein Versager sind. Aber das Leben ist nicht schwarz und weiß - es gibt eine Million verschiedener Schattierungen, und jede einzelne hat ihre eigene Schönheit.

Wie können Sie also diese Gedanken herausfordern? Betrachten Sie dies als Ihr Gedankengericht, in dem Sie sowohl der Anwalt als auch der Richter sind. Nehmen Sie zum Beispiel den Gedanken "Ich hasse meine Beine". Nehmen Sie ihn ins Kreuzverhör. "Warum?", fragen Sie. Graben Sie tiefer. Suchen Sie nach Beweisen. Tragen Ihre Beine Sie dorthin, wo Sie hinmüssen? Sind sie mit Ihnen durch dick und dünn gegangen, im wahrsten Sinne des Wortes? Wenn Sie den Gedanken auf den Prüfstand stellen, stellen Sie oft fest, dass er auf fadenscheinigen Beweisen beruht, die vor keinem Gericht standhalten würden.

Nun lassen Sie uns über Reframing sprechen. Das bedeutet, dass Sie diese negativen Gedanken in etwas Positives oder zumindest in etwas Neutrales umwandeln. Wenn der Gedanke "Ich bin nicht attraktiv, weil ich Akne habe" umherwirbelt, wie wäre es, wenn Sie ihn in "Akne ist etwas Alltägliches, mit dem viele Menschen zu kämpfen haben, und sie bestimmt nicht meinen Wert oder meine Attraktivität." umwandeln? Es geht darum, die Erzählung so zu ändern, dass sie mitfühlender und wahrheitsgetreuer ist.

Hier ist etwas Entscheidendes: Erwarten Sie nicht, dass Sie über Nacht von Selbstkritik zu Selbstliebe übergehen. Das ist ein Prozess, eine Reise. Anstatt sofortige Selbstliebe anzustreben, sollten Sie vielleicht mit Selbstakzeptanz beginnen. Schätzen Sie Ihren Körper für seine Funktionen und Fähigkeiten als Sprungbrett. Er tut so viel für dich, nicht wahr? Vielleicht ist es also in Ordnung, wenn er nicht so aussieht, wie Sie ihn auf Instagram oder in den Magazinen sehen. Das ist das wahre Leben, und das wahre Leben ist chaotisch und schön.

Ein weiteres mächtiges Werkzeug in deinem Arsenal ist Achtsamkeit. Indem Sie im Moment präsent sind, erlauben Sie sich, von Ihren Gedanken Abstand zu nehmen und sie als das zu sehen, was sie sind - nur Gedanken, keine unveränderlichen Fakten. Probieren Sie es aus, wenn Sie das nächste Mal eine Welle der Negativität verspüren: Atmen Sie ein, spüren Sie sie, beobachten Sie sie und lassen Sie sie vorbeiziehen wie eine Wolke am Himmel.

Ein Tagebuch kann ebenfalls viel bewirken. Schreiben Sie Ihre Gedanken auf, vor allem die negativen. Wenn Sie sie auf dem Papier sehen, sind sie weniger beängstigend und leichter zu bewältigen. Und dann schreiben Sie einige Gegensätze zu diesen Gedanken auf. Formulieren Sie für jeden negativen Gedanken eine positive Affirmation. Füllen Sie Ihr Tagebuch damit, und beobachten Sie, wie die negativen Gedanken allmählich an Kraft verlieren.

Beständigkeit ist der Schlüssel. Wie beim Muskelaufbau wird die Bekämpfung negativer Gedanken mit zunehmender Übung einfacher. Beginnen Sie damit, sich jeden Tag ein paar Minuten Zeit für diese Übung zu nehmen. Stellen Sie sich einen Timer, wenn es sein muss, und verbringen Sie diese Zeit damit, negative Gedanken zu zerlegen und neu zu formulieren. Betrachten Sie es als tägliches Training für Ihren Geist.

Es ist ganz natürlich, dass Sie Fehler machen. An manchen Tagen können sich die negativen Gedanken wie eine Flut anfühlen, der Sie kaum standhalten können. Das ist nicht schlimm. Sie versagen nicht - Sie sind ein Mensch. Seien Sie nachsichtig mit sich selbst und erkennen Sie, dass jeder Moment eine neue Chance ist, es erneut zu versuchen. Sie würden sich ja auch nicht selbst fertig machen, wenn Sie beim Erlernen eines neuen Tanzschrittes stolpern, oder? Betrachten Sie dies genauso. Es ist ein Lernprozess.

Umgeben Sie sich mit Positivem. Egal, ob es sich um aufmunternde Bücher handelt, um positive Affirmationen, die Sie an Ihren Spiegel kleben, oder um eine Playlist mit Musik, die Ihnen das Gefühl gibt, ein Rockstar zu sein - die Umgebung ist wichtig.

Gestalten Sie einen Raum, der die Selbstliebe und Positivität, die Sie in sich kultivieren, verstärkt.

Und vergessen Sie nicht, dass Sie eine Unterstützungsgruppe haben. Ob Freunde, Familie, Online-Communities oder Fachleute wie Berater und Therapeuten - Menschen um sich zu haben, die Ihren Weg verstehen und Sie ermutigen, macht einen großen Unterschied. Stützen Sie sich auf sie, wenn Sie Schwierigkeiten haben, die negativen Gedanken allein zu verdrängen.

Zu guter Letzt sollten Sie sich daran erinnern, warum Sie das tun: Du verdienst Frieden. Sie verdienen es, in den Spiegel zu schauen und keinen Krieg gegen die Person zu führen, die Sie dort anschaut. Sie sind auf diesem Weg nicht nur, um Ihren Körper zu akzeptieren, sondern um ihn zu feiern, ihn zu schätzen und ohne Vorurteile zu leben. Fordern Sie also diese Gedanken heraus, denn jedes Mal, wenn Sie das tun, kommen Sie dieser Realität einen Schritt näher.

Beim Herausfordern negativer Gedanken geht es nicht um Perfektion, sondern um Fortschritt. Es geht darum, die kritische innere Stimme leiser zu stellen und die Stimme zu verstärken, die sagt: "Ich bin genug, so wie ich bin. Bleiben Sie dran, seien Sie geduldig mit sich selbst, und beobachten Sie, wie sich die positiven Veränderungen entfalten - nicht nur in der Art und Weise, wie Sie Ihren Körper betrachten, sondern auch in der Art und Weise, wie Sie Ihr Leben leben. Du schaffst das!

Körperliche Positivität jeden Tag zu kultivieren ist wie einen Garten in Ihrem Geist zu pflanzen. Er braucht tägliche Pflege, Geduld und die richtige Umgebung, um zu gedeihen. In diesem Abschnitt geht es darum, wie man ein positives Körpergefühl pflegt. Bei diesen Strategien geht es nicht um schnelle Lösungen, sondern darum, den Weg für ein Leben zu ebnen, das den Körper, den Sie bewohnen, wertschätzt.

Zunächst geht es darum, Rituale zu entwickeln, die Sie in der Wertschätzung für Ihren Körper verankern. Bauen Sie Positivität in Ihre Morgenroutine ein. Vielleicht bedeutet das, dass Sie sich jeden Tag vor den Spiegel stellen und eine bejahende Aussage über Ihren Körper machen. Das könnte sich anfangs etwas unbeholfen oder sogar gezwungen anfühlen, aber mit der Zeit wird es Ihre Selbstwahrnehmung verändern.

Ein weiteres wirksames Mittel ist das Führen eines Journals. Wenn Sie sich jeden Tag Zeit nehmen, um über Ihren Körper in einem positiven Licht zu schreiben, fördert das Ihre Akzeptanz. Sie könnten drei Dinge aufzählen, die Ihr Körper Ihnen an diesem Tag ermöglicht hat, oder einem Teil Ihres Körpers, den Sie nur schwer akzeptieren konnten, ein Dankeschön schreiben.

Vergleiche mit anderen können einem die Freude rauben. Wie wäre es also, wenn Sie sich Grenzen in den sozialen Medien setzen? Versuchen Sie, Konten zu löschen, die negative Gedanken über Ihren Körper auslösen, und suchen Sie nach Konten, die die Vielfalt Ihres Körpers feiern. Seien Sie achtsam. Ihr Feed sollte eine Quelle der Inspiration sein, nicht der Deflation.

Und lassen Sie uns über Bewegung sprechen - nicht die hochintensiven, strafenden Übungen, sondern Bewegung, die Sie lebendig fühlen lässt. Tanzen Sie, dehnen Sie sich, gehen Sie spazieren - was auch immer Ihren Körper dazu bringt, Endorphine auszuschütten und Sie an die Lebensfreude in Ihrem Körper zu erinnern.

Sie sind aber nicht nur ein Körper. Genauso wichtig ist es, Ihre Leidenschaften und Interessen zu pflegen. Gehen Sie Hobbys und Aktivitäten nach, die Sie von innen heraus erhellen. Auch das ist Body Positivity, denn es geht darum, das Leben zu lieben, das du in deinem Körper führst.

Gütigkeit ist der Schlüssel, vor allem bei deinen Selbstgesprächen. Ertappen Sie sich selbst, wenn Sie in negative Äußerungen abrutschen, und lenken Sie Ihre Worte sanft in Richtung Mitgefühl und Verständnis. Das kostet Mühe, sicher, aber es ist eine Mühe, die auf dem Weg zur Positivität enorm wichtig ist.

Und wie sieht es mit der Kleidung aus? Tragen Sie das, was Ihnen ein gutes Gefühl gibt, unabhängig von den Trends. Das hat nichts mit Eitelkeit zu tun, sondern mit dem Recht, sich in seinem Körper wohl und authentisch zu fühlen.

Die Verbindung zu anderen ist wichtig. Führen Sie offene Gespräche über Ihr Körperbild mit Freunden oder der Familie. Das ist nicht nur für Sie selbst heilsam, sondern erzeugt auch positive Schwingungen in Ihrem Umfeld.

Was wir konsumieren, ist mehr als nur Essen - es sind Ideen, Bilder und Einstellungen. Halten Sie sich von Filmen, Zeitschriften und Büchern fern, die ungesunde Körpermaßstäbe aufrechterhalten. Wählen Sie Medieninhalte, die mit Ihren Werten übereinstimmen und Ihre Sichtweise auf Ihren Körper verbessern.

Ein proaktives Vorgehen, um die Negativschleife zu durchbrechen, kann den Unterschied ausmachen. Wenn Sie sich dabei ertappen, wie Sie sich in körperverachtende Gedanken hineinsteigern, machen Sie einen Plan, um den Kreislauf zu unterbrechen. Vielleicht tun Sie etwas mit Ihren Händen, rufen Sie einen Freund an oder machen Sie eine Mini-Meditation - was auch immer Ihren Fokus verschiebt.

Unterschätzen Sie nicht die Macht von Affirmationskarten. Platzieren Sie positive Körpersprüche überall in Ihrem Umfeld: auf Ihrem Spiegel, in Ihrer Brieftasche oder zwischen den Seiten Ihres Lehrbuchs. Sie sind kleine Erinnerungen an Ihren Wert und Ihre Schönheit - genau die Stärkung, die Sie in schwierigen Momenten brauchen.

Erinnern Sie sich, dass es bei positiver Körperwahrnehmung nicht nur darum geht, wie Sie Ihren Körper sehen, sondern auch darum, wie Sie ihn behandeln. Regelmäßiger, erholsamer Schlaf, ausreichend Flüssigkeitszufuhr und eine Ernährung, die sich gut anfühlt, zeigen, dass Sie die Bedürfnisse Ihres Körpers respektieren.

Und vergessen Sie nicht, Ihre Erfolge zu feiern, egal wie klein sie sind. Haben Sie sich heute für einen liebevollen Gedanken statt für einen kritischen entschieden? Das ist großartig. Feiern Sie das. Diese Reise ist nicht linear, und jeder Schritt nach vorn ist ein Triumph.

Schließlich sollten Sie Geduld mit sich selbst haben. Der Weg zur Körperwahrnehmung ist ein ständiger Prozess und für jeden einzigartig. Du lernst neu, wächst und löst dich von jahrelang verinnerlichten Vorstellungen. Seien Sie nachsichtig mit sich. Du machst das wunderbar, und mit jedem Tag baust du eine Beziehung zu deinem Körper auf, die auf Respekt, Bewunderung und echter Liebe beruht.

Kapitel 10: Aufbau einer unterstützenden Gemeinschaft

Auf dem Weg, jeden Zentimeter von uns selbst anzunehmen, leuchtet eine Wahrheit hell auf - wir können es nicht allein schaffen. Wenn wir uns mit Menschen umgeben, die uns aufrichten, anstatt uns zu beschweren, können wir schwere Tage in erträgliche und gute Tage in spektakuläre verwandeln. Diese Unterstützung kommt nicht nur von denen, die wir bereits kennen, sondern auch von den Gemeinschaften, die wir aktiv aufbauen. Ein Kreis von Freunden, Mentoren und Gleichaltrigen, die nicht nur unsere Erfolge bejubeln, sondern uns auch beistehen, wenn wir mit unserem Körperbild zu kämpfen haben, ist wie ein unsichtbarer Mantel der Stärke, der sich um uns legt. In diesem Netz aus verständnisvollen und bestätigenden Menschen beginnen wir, unser wahres Ich zu sehen, das nicht durch die trüben Gewässer der gesellschaftlichen Erwartungen verzerrt wird. Und wer sagt denn, dass wir dabei nicht auch ein bisschen Spaß haben können? Sich gegenseitig zu stärken, Geschichten auszutauschen und einen Dialog über Akzeptanz zu führen, ist nicht nur notwendig, sondern geradezu revolutionär. Lasst uns also eine Atmosphäre kultivieren, in der sich jeder zugehörig fühlt, in der jeder Körper gefeiert wird, und lasst diese Gemeinschaft das Fundament für unser Wachstum zu selbstbewussten, strahlenden Wesen sein.

Die Schaffung sicherer Räume ist ein wesentlicher Bestandteil der Förderung von Körperbewusstsein und der Entwicklung einer unterstützenden Gemeinschaft, in der wir uns alle entfalten können. Die Sache ist die: Wir entwickeln bessere, freundlichere Gedanken über uns selbst in Umgebungen, in denen wir uns sicher und akzeptiert fühlen. Stellen Sie sich diese Räume als Gärten vor, in denen Akzeptanz blühen kann und Selbstliebe wild und frei wächst.

Zunächst einmal geht es bei einem sicheren Raum nicht nur um physische Sicherheit, sondern auch um emotionale und mentale Zuflucht. Es geht darum, eine Ecke der Welt zu schaffen, in der es nicht nur in Ordnung ist, man selbst zu sein, sondern in der dies auch gefeiert wird. Das sollten keine seltenen Zufluchtsorte sein; sie sollten so alltäglich sein wie die negativen Botschaften, an deren Überwindung wir hart arbeiten.

Der Schlüssel liegt darin, mit den Räumen zu beginnen, in denen wir uns am häufigsten aufhalten. Für viele von uns ist das unser Zuhause. Unser Zuhause sollte das Fundament sein, auf dem unser Selbstvertrauen aufbaut, und nicht ein Schlachtfeld für unser Körperbild. Unterhalten Sie sich mit Ihren Familienmitgliedern darüber, wie Sie das "Body Shaming" und das negative Gerede loswerden können, und ersetzen Sie es durch Ermutigung und Positivität. Erinnern Sie sich gegenseitig daran, dass Sie das gemeinsam tun und sich gegenseitig auf dem Weg zur Selbstakzeptanz unterstützen.

Wie sieht es in der Schule oder bei Ihrem Teilzeitjob aus? Auch diese Umgebungen können sich mit ein wenig Mühe in sichere Räume verwandeln. Sprechen Sie mit Freunden, Lehrern oder sogar Ihrem Chef über die Bedeutung einer integrativen, akzeptierenden Atmosphäre. Es geht darum, Verbündete zu finden, die verstehen, dass Worte Gewicht haben und dass Witze in der Umkleidekabine kein harmloses Geplänkel sind, sondern Narben hinterlassen können.

Auch Online-Räume zählen. Tatsächlich sind sie eines der schwierigsten Terrains, auf dem man sich bewegen kann, denn die sozialen Medien wirken wie eine Highlight-Reihe, die uns unter Druck setzt, uns "weniger als" zu fühlen. Richten Sie Ihren digitalen Bereich als sicheren Raum ein, indem Sie Ihre Feeds anpassen. Deaktivieren Sie Benachrichtigungen von Konten, die Ihnen ein schlechtes Körpergefühl vermitteln. Folgen Sie stattdessen körperpositiven Befürwortern, die Ihren Feed mit den guten Dingen überschwemmen - Ehrlichkeit und Ermutigung.

Aber wir dürfen etwas nicht beschönigen: Einen sicheren Raum zu schaffen bedeutet oft, Grenzen zu setzen. Und ja, es kann unangenehm sein, Grenzen durchzusetzen, aber sie sind so wichtig. Wenn jemand - egal wer es ist - negative Bemerkungen über deinen Körper oder den eines anderen macht, ist es absolut in Ordnung, zu sagen: "Hey, damit bin ich nicht einverstanden." Bleiben Sie ruhig, klar und unumwunden. Ihr Wohlbefinden ist es wert, verteidigt zu werden.

Ermutigen Sie zu einem offenen Dialog über Fragen des Körperbildes. Schaffen Sie Raum für diese Diskussionen, in denen jeder seine Unsicherheiten ausdrücken kann, ohne Angst vor Verurteilung oder Spott zu haben. Manchmal hilft es schon, zu wissen, dass man mit seinen Problemen nicht allein ist.

Wenn Sie daran arbeiten, sichere Räume für sich selbst zu schaffen, denken Sie daran, diese Höflichkeit auch auf andere auszudehnen. Der Weg eines jeden Körpers ist einzigartig, aber gegenseitiger Respekt ist ein universelles Bedürfnis. Machen Sie Ihren Mitmenschen aufrichtige und vielfältige Komplimente - nicht nur für ihre körperlichen Eigenschaften, sondern auch für ihre Talente, Leistungen und Freundlichkeit. Solche Komplimente stärken die Idee, dass wir mehr sind als unsere Körper.

Erinnern Sie sich daran, dass es bei der Schaffung eines sicheren Raums nicht nur darum geht, Negativität zu verhindern, sondern auch um proaktive Positivität. Feiern Sie kleine Erfolge, sei es, dass Sie drei Tage ohne negative Selbstgespräche auskommen oder ein neues Essen ohne Schuldgefühle probieren. Erkennen Sie diese Momente an und verstärken Sie sie, denn sie sind das Sprungbrett zu mehr Selbstliebe.

Wägen Sie ab, Affirmationen in diese Räume einzubauen. Kleben Sie Post-its an den Spiegel, stellen Sie Erinnerungen auf Ihrem Telefon ein oder wiederholen Sie sie einfach für sich selbst. Positive Affirmationen wie "Ich bin genug" oder "Mein Körper verdient Respekt" sind Kraftausdrücke, die Denkmuster umstellen.

Körperbewusstseinsgruppen, ob online oder persönlich, bieten eine kollektive Stärke, die alleine nur schwer zu erreichen ist. Sie bieten ein Forum zum Austausch von Ressourcen, Erfahrungen und Ermutigung. Ziehen Sie in Erwägung, einer beizutreten oder selbst eine zu gründen. Selbst wenn es sich nur um einen Gruppen-Chat mit Freunden handelt, die sich gegenseitig auf dem Weg zur Körperfreundlichkeit unterstützen wollen.

Lassen Sie uns auch kreativ werden, wenn es um sichere Räume geht - Kunst, Musik, Tanz, Schreiben und andere Ausdrucksformen können sowohl ein Ventil als auch ein Zufluchtsort sein. Gestalten Sie Zines zur Körperfreundlichkeit oder erstellen Sie Playlists mit Liedern, die die Selbstliebe anregen. Wenn Sie sich an Aktivitäten beteiligen, die Ihren Körper für das würdigen, was er kann, und nicht für sein Aussehen, stärken Sie eine positive Verbindung zwischen Körper und Geist.

Und vergessen Sie nicht: Sichere Räume entwickeln sich. Wenn wir wachsen und uns verändern, ändern sich auch unsere Bedürfnisse. Überprüfen Sie regelmäßig sich selbst und andere in Ihren sicheren Räumen. Was ist hilfreich? Was nicht? Passen Sie sich an, um sicherzustellen, dass diese Räume auch weiterhin ihren Zweck erfüllen. Denken Sie daran: Es geht um Fortschritt, nicht um Perfektion.

Indem wir sichere Räume schaffen, stellen wir den Status quo in Frage, der besagt, dass wir in eine bestimmte Form passen müssen, um akzeptiert zu werden. Es ist eine Bewegung, ein kollektiver Schritt in Richtung einer Welt, in der jeder seinen Körper ohne Vorurteile lieben kann. Vor allem aber ist es eine Verpflichtung - eine Verpflichtung uns selbst und den anderen gegenüber, eine Kultur des Respekts, des Mitgefühls und der radikalen Selbstliebe aufrechtzuerhalten.

Lassen Sie uns also schwören, diese Räume zu schaffen, sie mit aller Kraft zu schützen und andere mit offenen Armen einzuladen. Denn wenn wir uns in sicheren Räumen vereinen, die frei von Urteilen und voller Unterstützung sind, ermächtigen wir uns selbst und einander, die Welt zu erobern, einen körperpositiven Schritt nach dem anderen.

Die Rolle von Verbündeten und Befürwortern Auf dem Weg zu einem positiven Körpergefühl und der Vermeidung von Körperscham sind Sie nicht allein. Auf dem Weg zu Selbstfürsorge und Selbstliebe spielen Verbündete und Fürsprecher eine entscheidende Rolle in unseren gemeinsamen Bemühungen, eine unterstützende Gemeinschaft zu schaffen. Freunde, Familienmitglieder, Pädagogen, medizinisches Fachpersonal und sogar Bekannte können zu Säulen werden, auf die wir uns in Zeiten des Selbstzweifels stützen können. Sie verkörpern Ermutigung, geben uns die dringend benötigte Bestätigung und dienen als Gegengewicht zu den negativen Kräften, die an unserem Selbstwertgefühl nagen.

Aber was bedeutet es wirklich, ein Verbündeter oder ein Befürworter im Kontext der Körperpositivität zu sein? Ein Verbündeter ist jemand, der Ihre persönlichen Erfahrungen mit negativer Körperwahrnehmung vielleicht nicht teilt, aber dennoch solidarisch an Ihrer Seite steht. Sie bemühen sich aktiv darum, die Probleme, mit denen Sie zu kämpfen haben, zu verstehen und sogar zu lindern. Befürworterinnen und Befürworter hingegen schließen sich nicht nur der Body-Positivity-Bewegung an, sondern werden auch aktiv. Sie setzen sich dafür ein, schädliche Erzählungen in der

Gesellschaft zu ändern, und arbeiten unermüdlich daran, die Strukturen abzubauen, die die Körperscham aufrechterhalten.

Beide Rollen sind entscheidend. Verbündete haben ein offenes Ohr und bestätigen Ihre Gefühle, wenn Sie sich an einem Tiefpunkt befinden. Sie erinnern Sie daran, dass Sie Ihren Kampf nicht allein ausfechten müssen und dass es in Ordnung ist, Unterstützung zu suchen, wenn Sie von Unsicherheiten geplagt werden. Advokaten erweitern diese persönlichen Unterstützungssysteme auf die Ebene der Gemeinschaft. Sie schärfen das Bewusstsein für die schädlichen Auswirkungen der Diätkultur, für unrealistische Schönheitsstandards und für die unzähligen Wege, auf denen unsere Gesellschaft uns zu einem einzigen, oft unerreichbaren Körpertyp drängt.

Es liegt auf der Hand, dass es sich positiv auswirken kann, starke Verbündete an seiner Seite zu haben. Sie können diejenigen sein, die dich an deinen Wert erinnern, wenn ein verzerrtes Spiegelbild dir etwas anderes sagt. Das sind die Freunde, die jedem negativen Körperkommentar mit Positivität und Realität begegnen und nicht zulassen, dass toxische gesellschaftliche Normen dein Selbstbild bestimmen.

Befürworter gehen über individuelle Interaktionen hinaus - sie sind diejenigen, die Blogbeiträge schreiben, Gespräche in Schulclubs initiieren und vielleicht Gemeindeveranstaltungen organisieren, die alle Körpertypen feiern. Sie kämpfen für Inklusion in Bekleidungsgeschäften und fordern ein Größensortiment, das die Vielfalt des menschlichen Körpers respektiert. Die Befürworter könnten diejenigen sein, die sich für eine Änderung der Lehrpläne in den Schulen einsetzen, um den kommenden Generationen ein positives Körperbild zu vermitteln.

Die Rolle des Verbündeten zeigt sich auch in den kleineren, aber ebenso bedeutenden Gesten. Sie kann so einfach sein wie das Nachfragen bei einem Freund, der sich mit seinem Körper unwohl fühlt, oder sogar das Hinterfragen eines Familienmitglieds, das einen verletzenden Witz über sein Gewicht macht. Es liegt in der Entscheidung, sich auf Gespräche einzulassen, die alle Körper respektieren, und im bewussten Handeln, um sich über das systemische Body Shaming zu informieren und aufzuklären.

Eine Verbündete oder ein Fürsprecher zu sein, ist jedoch nicht ohne Herausforderungen. Es erfordert ständige Selbstreflexion und die Bereitschaft, negative Körperbilder zu benennen, wenn sie auftauchen - auch bei uns selbst. Es ist eine Reise, bei der es ebenso darum geht, sich selbst zu verbessern wie andere zu unterstützen.

Ein wichtiger Teil der Interessenvertretung ist die Repräsentation. Die Befürworter setzen sich für die Sichtbarkeit verschiedener Körperformen und -größen in allen Medienformaten ein, da sie wissen, dass eine positive Darstellung bei vielen zu einer größeren Selbstakzeptanz führen kann. Sie wissen, dass die Verherrlichung eines bestimmten Körpertyps nicht nur nicht der Realität entspricht, sondern auch unsere Vorstellung davon, was normal und schön ist, aktiv beeinträchtigt.

In diesem unterstützenden Netzwerk ist es wichtig zu erkennen, dass Verbündete und Befürworter aus allen Bereichen des Lebens kommen können. Vielleicht gibt es einen Lehrer, der zum kritischen Nachdenken über die Darstellung des Körperbildes in den Medien anregt, oder einen Gesundheitsdienstleister, der Ihre Gesundheit ganzheitlich betrachtet und sich nicht nur auf das Gewicht fixiert. Diese Verbündeten bestätigen Ihren Wert und die mehrdimensionalen Aspekte der Gesundheit und bieten eine neue Perspektive in einer Kultur, die vom Aussehen besessen ist.

Nicht zu übersehen ist die Macht der Verbündeten unter Gleichaltrigen. Das sind Klassenkameraden, Teamkollegen und Freunde, die den alltäglichen gesellschaftlichen Druck verstehen. Sie haben ihn wahrscheinlich auch schon gespürt und haben auf ihrem

Weg zur Selbstliebe mit ähnlichen Schwierigkeiten zu kämpfen. Gleichaltrige Verbündete können mit Ihnen zusammen ein akzeptierendes Umfeld schaffen, in dem sich jedes Mitglied unabhängig von seiner Größe oder Gestalt gesehen und unterstützt fühlt.

Die wahre Wirkung von Fürsprache ist dann zu spüren, wenn greifbare Veränderungen eintreten. Das ist der Fall, wenn eine Schule ihre Kleiderordnung überarbeitet, um mehr Akzeptanz zu schaffen, oder wenn eine Marke beschließt, Models aller Größen abzubilden, ohne ihre Fotos zu retuschieren. Diese Erfolge sind ein Beweis für die Kraft kollektiven Handelns, angetrieben durch die Leidenschaft und Beharrlichkeit von Befürwortern, die sich nicht mit einem Status quo zufrieden geben, der dem Körperbild und dem Selbstwertgefühl schadet.

Wer die Rolle des Verbündeten oder des Befürworters in Erwägung zieht, sollte sich bewusst sein, dass seine Bemühungen auch Auswirkungen auf andere haben. Egal, ob Sie einer einzelnen Person Mitgefühl entgegenbringen oder einen systemischen Wandel vorantreiben, jede Aktion trägt zu einer größeren Bewegung bei, die Menschen dazu befähigt, Frieden und Freude in ihrer eigenen Haut zu finden.

Zuletzt ist es wichtig, sich daran zu erinnern, dass die Reise sowohl Höhen als auch Tiefen umfasst. Es geht nicht nur um die großen Erfolge, sondern auch darum, einander bei Rückschlägen beizustehen. Verbündete und Befürworter helfen dabei, die Flamme der Körperpositivität am Brennen zu halten, selbst wenn der Wind des gesellschaftlichen Drucks sie auszulöschen droht. Ihre Unterstützung dient als Zufluchtsort, als Oase der Akzeptanz in einer Wüste der Kritik.

Wenn Sie sich also jemals gefragt haben, ob Sie etwas bewirken können, ist die Antwort ein klares Ja. Ob Sie nun der Freund sind, der andere mit positiven Bestätigungen überschüttet, oder der Aktivist, der den Status quo in Frage stellt, Ihre Rolle in dieser Bewegung ist entscheidend. Während wir weiterhin eine Welt aufbauen, in der jeder Körper gefeiert wird, denken Sie daran: Die Arbeit von Verbündeten und Befürwortern ist nie getan, aber sie ist es immer und unbestreitbar wert.

Kapitel 11: Schönheitsnormen neu definieren

Ist es nicht an der Zeit, diesen überholten Schönheitsnormen den Garaus zu machen? Jeden Tag werden wir mit gepinselter Perfektion überflutet, aber wissen Sie was? Perfektion ist ein Mythos - eine Fata Morgana für die meisten von uns. Wir haben uns durch die dornigen Pfade der Selbstakzeptanz und des positiven Körperbewusstseins gewunden, und jetzt, da wir aufrecht an der Kreuzung stehen, ist es klar, dass eine Revolution begonnen hat. Die Neudefinition von Schönheitsstandards ist nicht nur ein flüchtiger Trend, sondern eine ermächtigende Bewegung, die jede Falte, jede Kurve, jede Sommersprosse und jeden so genannten "Makel" als einen künstlerischen Strich auf der Leinwand der Vielfalt betrachtet. Es geht nicht darum, in eine Form zu passen; es geht darum, sie zu zerbrechen und die Wahrheit unserer echten, gelebten menschlichen Erfahrungen auszugießen. Indem wir uns von den unrealistischen und engstirnigen Idealen befreien, die uns von allen Seiten aufgedrängt werden, können wir beginnen, die vielfältige Schönheit zu feiern, die in jedem Herzschlag der Menschheit pulsiert. Denken wir also beim Umblättern der Seite daran, dass Schönheit keine Form, Größe oder Farbe ist - sie ist eine Essenz, eine Präsenz, ein Vertrauen, das von innen heraus erblüht und nach außen strahlt, um die Seelen um uns herum zu berühren. Lasst uns Herzen und Hände vereinen, um eine Welt zu formen, in der jeder Körper geehrt, geschätzt und als das einzigartige Meisterwerk anerkannt wird, das er wirklich ist.

Die Body-Positivity-Bewegung

Wenn man sich auf eine Erzählung über Body-Positivity einlässt, fühlt es sich ein bisschen so an, als würde man einen Garten betreten, in dem Geschichten über Selbstverwirklichung und radikale Liebe blühen. Die Body-Positivity-Bewegung ist nicht nur ein Trend, sondern eine kraftvolle Gegenerzählung zu dem allgegenwärtigen Druck, einer eng definierten Schönheitsnorm zu entsprechen. Diese Bewegung vertritt die Idee, dass alle Körper es wert sind, akzeptiert, geliebt und respektiert zu werden, unabhängig von ihrer Form, Größe, Farbe oder ihren Fähigkeiten.

Body Positivity fordert jeden von uns auf, die natürliche Vielfalt der menschlichen Körper anzuerkennen und zu ehren. Es ist eine Antwort auf die oft unerreichbaren Ideale, die in den Medien und in der Gesellschaft verbreitet werden und nur Platz für eine bestimmte Art von Schönheit lassen. Es geht darum, eine Welt zu schaffen, in der sich jeder für das gesehen und gefeiert fühlt, was er ist, so wie er ist.

Die Bewegung hat ihren Ursprung an der Basis, wo Einzelpersonen und Gruppen auf verschiedenen Plattformen über ihre Nöte sprechen, ihre Triumphe teilen und andere ermutigen, sich von der Selbstkritik zu lösen. Diese gemeinsame Anstrengung hat einen globalen Dialog über die Bedeutung einer liebevollen Beziehung zu unserem eigenen Körper ausgelöst - ein radikaler Akt in einer Welt, die uns ständig sagt, dass wir nicht gut genug sind.

Es ist wichtig zu verstehen, dass Body Positivity nicht bedeutet, dass man jeden einzelnen Tag sein Aussehen lieben muss - das wäre eine unrealistische Erwartung für jeden. Stattdessen geht es darum, sich selbst als Ganzes anzunehmen und zu betonen, dass der eigene Wert nicht an das Aussehen gebunden ist. Es ist eine Form der Ermächtigung, die Ketten der externen Bestätigung zu sprengen und sich auf die Harmonie der Selbstakzeptanz einzustimmen.

Körperpositivität nistet sich in dem gemütlichen Konzept ein, dass dein Körper dein Zuhause ist, und wie jedes Zuhause verdient er es, mit Freundlichkeit und Respekt behandelt zu werden. Das bedeutet, sich gegen schädliche Diäten zu wehren und die Vorstellung abzulehnen, dass Sport eine Strafe für das Essen ist. Es geht darum, Freude an der Bewegung zu finden und seinen Körper zu pflegen, weil man ihn liebt und nicht, weil man ihn verändern will.

Dieser Gedanke verdient es, von den Dächern gerufen zu werden: Schönheitsnormen sind gesellschaftlich konstruiert und verändern sich ständig. Die Body-Positivity-Bewegung zielt darauf ab, die Geschichte umzuschreiben, indem sie behauptet, dass alle Formen der Schönheit gültig sind und dass es in Ordnung ist, seine einzigartigen körperlichen Eigenschaften zu lieben. Sie widerlegt die Vorstellung von einem einzigen "perfekten" Körper und feiert stattdessen die Fülle menschlicher Formen und Größen.

Body Positivity hat auch mit Identität zu tun und mit dem Verständnis, dass unsere Körper unsere Erfahrungen tragen und unsere persönlichen Geschichten erzählen. Sie erkennt an, dass jede Narbe, jeder Dehnungsstreifen und jede Sommersprosse ein Zeugnis unseres Lebensweges ist. Unseren Körper zu respektieren und zu lieben wird zu einer Form des Geschichtenerzählens, in der jeder Körper eine lebendige, atmende Erzählung von Individualität und Widerstandsfähigkeit ist.

Die Macht der Darstellung spielt eine entscheidende Rolle in der Body Positivity Bewegung. Wenn wir in den Medien, in der Kunst und in Führungspositionen Menschen sehen, die so aussehen wie wir, kann das einen großen Einfluss darauf haben, wie wir uns selbst sehen. Das Zelebrieren verschiedener Körper in allen Bereichen stärkt die Idee, dass jeder Körpertyp es wert ist, gesehen, respektiert und geschätzt zu werden.

Die Body-Positivity-Bewegung ist jedoch nicht immun gegen Kritik. Einige argumentieren, dass sie die Komplexität der Gesundheit übersieht und den Weg der Selbstakzeptanz zu sehr vereinfacht. Echte Body Positivity ignoriert jedoch nicht die Gesundheit, sondern setzt sie neu in Szene. Sie setzt sich für ein ganzheitliches Wohlbefinden ein, bei dem geistige, emotionale und körperliche Gesundheit miteinander verwoben sind und nicht nur nach dem Aussehen beurteilt werden.

Teil des Weges, den die Body-Positivity-Bewegung beschreitet, ist die Erkenntnis, dass es sich um einen fortlaufenden, sich entwickelnden Prozess handelt. Es ist normal, dass es Tage gibt, an denen sich Körperliebe wie ein harter Kampf anfühlt, und das ist in Ordnung. Die Bewegung ermutigt uns zu Gnade und Geduld mit uns selbst, während wir die harte, schöne Arbeit leisten, jahrelanges Body Shaming zu verlernen und ein Fundament der Liebe und Akzeptanz aufzubauen.

Lassen Sie uns über die Bedeutung des Dialogs bei der Förderung von Body Positivity sprechen. Gespräche, sowohl online als auch offline, sind wichtig, um Stigmata abzubauen und die Sichtweise auf das Körperbild zu erweitern. Wenn wir offen über unsere Kämpfe und Erfolge sprechen, zeigen wir anderen, dass sie nicht allein sind und dass es möglich ist, in Selbstmitgefühl zu wachsen.

Die Body Positivity-Bewegung ist in ihrem Kern zutiefst revolutionär. Sie stellt den Status quo in Frage und fördert den Glauben, dass jeder Mensch es verdient, ein Leben frei von der Unterdrückung durch Körperhass zu führen. Es geht darum, Urteil durch Empathie, Vergleich durch Gemeinschaft und Scham durch Würde zu ersetzen.

Diese Bewegung ist keine vorübergehende Phase; sie ist die Grundlage für eine transformative Lebensweise. Sie ist ein Leuchtfeuer der Hoffnung für jeden, der sich jemals wegen seines Körpers unwürdig gefühlt hat, ein Aufruf zum Handeln, um jeden Zentimeter von uns selbst und den anderen zu umarmen, und eine Erinnerung daran, dass unser Wert inhärent und unermesslich ist.

Wenn Sie dieses Kapitel schließen und vielleicht einen tiefen, erdenden Atemzug nehmen, denken Sie daran, dass die Body Positivity Bewegung eine Reise ist. Ihr Weg darin ist persönlich und heilig, eine sich entfaltende Geschichte, in der Sie die Hauptperson sind, die ein Happy End verdient hat. Es ist eine Erklärung, dass Sie in Ihrer Gesamtheit nichts weniger als spektakulär sind.

Wirkliche Schönheit in der Vielfalt Nehmen wir uns einen Moment Zeit, um innezuhalten und die schiere Vielfalt zu würdigen, die in der Welt um uns herum existiert. Unterschiedliche Landschaften, Kulturen, Speisen, Musik - sie alle tragen zum lebendigen Teppich des Lebens bei. Und so wie diese Unterschiede gefeiert werden, so sollte auch die unglaubliche Vielfalt unseres Körpers gewürdigt werden. Unsere einzigartigen Formen und Größen sind Aspekte unserer Individualität, keine Mängel, die es zu beheben gilt.

Haben Sie sich schon einmal gefragt, warum wir so schnell die Schönheit der Vielfalt in der Natur preisen - jede Schattierung eines Sonnenuntergangs, jede Form eines Blattes -, uns aber schwer tun, das gleiche Prinzip auf Menschen anzuwenden? Es ist an der Zeit, dass wir den menschlichen Körper mit der gleichen Bewunderung und Wertschätzung betrachten. Jeder von uns ist wie eine andere Blume in einem Garten, und wäre es ein so faszinierender Anblick, wenn jede Blume gleich wäre?

Betrachten Sie einmal die Botschaft, die die Gesellschaft oft darüber verbreitet hat, was Schönheit ausmacht. Vielleicht erinnern Sie sich daran, dass Sie Bilder gesehen haben, die ein sehr enges Bild zeichnen und bestimmte Eigenschaften zum goldenen Standard erheben. Aber diese Normen ändern sich im Laufe der Zeit und über die verschiedenen Kulturen hinweg, und sie sind ungefähr so zuverlässig wie die Wettervorhersage für das nächste Jahr - unvorhersehbar und ständig im Wandel begriffen. Wahre Schönheit ist nicht vergänglich. Sie hängt nicht von den Launen der Mode oder den Dimensionen eines bestimmten Jahrzehnts ab. Sie ist in unseren Unterschieden allgegenwärtig.

Schauen Sie sich die Geschichte und die Kunst genauer an - die üppigen Gestalten der Renaissance-Gemälde, die kraftvoll gebauten Statuen der griechisch-römischen Athleten, die schmalen, langgestreckten Silhouetten auf Modiglianis Gemälden. Ein so breites Spektrum an menschlichen Formen wurde verehrt, und das sollte uns etwas sagen. Es sagt uns, dass es keine einzige Art und Weise gibt, Schönheit zu verkörpern; sie ist fließend und allumfassend.

Nun lassen Sie uns den Elefanten im Raum ansprechen. Vielfalt in der Theorie zu akzeptieren ist eine Sache, aber sich in einer Welt schön zu fühlen, die "Du bist nicht genug" schreit, ist eine ganz andere. Wir werden mit Botschaften bombardiert, die uns auffordern, uns zu verändern - abzunehmen, Kurven zu bekommen oder in eine Form zu passen, die letztlich unsere natürliche Gestalt verleugnet. Aber wenn wir anfangen zu glauben, dass unser Wert nicht auf unser Äußeres beschränkt ist, verlieren diese Botschaften ihre Macht.

Sie sehen, Vielfalt zu akzeptieren ist nicht nur ein Lippenbekenntnis. Es ist eine aktive, bewusste Entscheidung, die aufdringlichen Gedanken zu bekämpfen, die besagen: "Ich passe nicht dazu". Und wissen Sie was? Sie sollten nie dazugehören - Sie sollten herausstechen! So wie ein Pfau sein Gefieder nicht wegwünscht, solltest du auch nicht einen Teil dessen wegwünschen, was dich ausmacht.

Schauen Sie sich in Ihrer Schule um. Beobachte die Vielfalt der Menschen, die dich umgeben - kein Mensch ist eine exakte Kopie eines anderen. Einige Freunde sind vielleicht groß und schlank, andere klein und kurvig, einige haben Sommersprossen, andere verschiedene

Hautfarben und so weiter. Diese Vielzahl von Merkmalen trägt zu einer Landschaft bei, die weitaus fesselnder ist, als es jede Uniformität je sein könnte.

Und hey, es ist normal, sich manchmal unsicher zu fühlen - das tut jeder, egal wie er aussieht. Aber diese Unsicherheiten müssen dich nicht definieren. Sieh sie als Zeichen dafür, dass du einzigartig bist und dass es eine Stärke ist, sich nicht an eine einzige Norm zu halten. Feiern Sie, was Sie unverwechselbar macht - Ihre lockigen Haare, Ihre kräftigen Beine, Ihre nachdenklichen Augen. Sie sind Erzähler Ihrer individuellen Geschichte.

Es lohnt sich auch, darüber nachzudenken, dass die Art und Weise, wie wir Schönheit bei anderen definieren, Einfluss darauf hat, wie wir sie bei uns selbst sehen. Wenn wir uns dafür entscheiden, Schönheit in den Menschen um uns herum zu finden, auch wenn sie von den konventionellen Normen abweichen, wird es viel einfacher, sie in unserem Spiegelbild zu sehen. Starten Sie eine Revolution der Wertschätzung, nicht nur bei sich selbst, sondern auch in Ihrem Umfeld. Loben Sie die besonderen Eigenschaften anderer, und Sie werden auf subtile Weise die Wahrnehmung verändern, auch Ihre eigene.

Body Positivity bedeutet nicht, zu verkünden, dass jeder Mensch nach einem vordefinierten Standard schön ist; es geht darum, diese Standards völlig auszulöschen. Es geht darum zu sagen, dass jeder Körper gültig und wertvoll ist und es verdient, geliebt zu werden, egal ob er den Kriterien einer Zeitschrift entspricht oder nicht. Wenn Sie sich das nächste Mal dabei ertappen, wie Sie vergleichen, denken Sie daran, dass der Vergleich der Dieb der Freude ist - und dass er in der majestätischen Galerie der Vielfalt nichts zu suchen hat.

Wenn wir vorankommen wollen, müssen wir ein wenig verlernen, uns von den alten Parametern der Schönheit verabschieden und Raum für neue, integrative Definitionen schaffen. Es geht darum, gemeinsam aufzustehen und zu erklären, dass wir alle einen Platz am Tisch der Schönheit haben. Es spielt keine Rolle, wie weit man das Maßband dehnt; Schönheit ist nicht quantifizierbar. Sie ist eine Essenz, eine Präsenz, und sie steckt in jedem von uns.

Wenn wir diese Reise fortsetzen, sollten wir uns die Selbstliebe als einen Muskel vorstellen, der trainiert werden muss. An manchen Tagen wird es schwieriger sein und mehr Anstrengung erfordern, ihn anzuspannen. Aber mit der Zeit und mit Beharrlichkeit wird das Feiern Ihres Körpers und seiner einzigartigen Eigenschaften zu einem Teil dessen, was Sie sind - so natürlich und notwendig wie das Atmen.

Und denken Sie daran: Das Außergewöhnlichste an Ihnen ist Ihre Fähigkeit, sich selbst zu lieben in einer Welt, die diese Liebe unerbittlich herausfordert. Lehnt euch in diese Liebe hinein, wickelt sie um euch wie eine kuschelige Decke und tragt sie mit Stolz auf den Straßen, in den Klassenzimmern und in den Hallen eures Lebens. Es gibt nichts Schöneres, Radikaleres oder Authentischeres, als sich selbst so zu lieben, wie man ist.

Wir können eine Welt schaffen, in der die Medien, die Werbung und die Influencer so vielfältig sind wie die Menschen, die auf der Straße leben. Eine Welt, die das gesamte Spektrum der Schönheit der Menschheit anerkennt und respektiert. Das fängt damit an, dass wir unsere Stimmen erheben, um die Botschaft zu verbreiten, dass Vielfalt nicht nur akzeptabel ist, sondern etwas, das wir schätzen und feiern.

Zum Abschluss noch eine kleine Denkübung für Sie. Schließen Sie die Augen und lauschen Sie der Symphonie Ihres Herzens, der Elastizität Ihrer Haut, der Anmut Ihrer Bewegungen. Das bist du. Das ist Schönheit. Und wenn Sie Ihre Augen öffnen, tragen Sie diese Melodie der Selbstermächtigung mit sich und lassen Sie sie bei jedem Schritt, den Sie tun, mitschwingen, sowohl in Akzeptanz Ihrer selbst als auch zu Ehren der faszinierenden Vielfalt, von der Sie ein Teil sind.

Kapitel 12: Du bist mehr als ein Spiegelbild

Nachdem wir die Schönheitsnormen entmystifiziert und eine unterstützende Gemeinschaft aufgebaut haben, ist es an der Zeit, eine tiefe Wahrheit zu verinnerlichen - du bist nicht nur ein flüchtiges Bild im Glas. Manchmal sind Spiegel wie eine Art Vergnügungspark, in dem wir uns verzerrt und gestreckt sehen, und das ist einfach nicht das ganze Bild. Überlegen Sie mal: Wenn Sie lachen, bis Ihnen der Bauch weh tut, oder wenn Sie in ein Buch vertieft sind, das Sie einfach nicht weglegen können, wo ist dann der Spiegel? Nirgends, das ist der Ort! Du bist ein vollwertiger, dreidimensionaler Mensch mit Geschichten, Träumen und einem Lachen, das nur dir eigen ist. Dein Wert ist nicht an das Spiegelbild gebunden, das dich anschaut. Er ist in jeden Teil deines Wesens eingewoben - die Freundlichkeit, die du anderen entgegenbringst, die Leidenschaft, die du in deine Hobbys steckst, die Art, wie du tanzt, wenn du denkst, dass niemand zuschaut. Lassen Sie also diese enge Definition von Schönheit los und sehen Sie sich selbst als eine ganze Konstellation von Eigenschaften und Talenten, die weit über das hinaus schimmern, was jeder Spiegel zeigen kann.

Ganzheitliche Integration ist ein erfrischender Sprung in die Richtung, jeden Teil dessen, was Sie sind, zu umarmen - es ist eine Reise, die Geist, Körper und Seele in einer harmonischen Symphonie verbindet. In einer Welt, die unsere Identität so oft in Segmente aufteilt, die wir eher präsentieren oder unterdrücken, ist die Integration aller Schichten unseres Selbst geradezu revolutionär.

Lassen Sie uns also darüber sprechen, warum dies für Menschen wie Sie wichtig ist, die an der Schwelle zur Erforschung und zum Verständnis der Vielfältigkeit stehen, die in Ihnen steckt.

Stellen Sie sich Ihr Wesen als ein Puzzle vor, bei dem jedes Teil eine Facette Ihrer Existenz darstellt: Ihre Leidenschaften, Ängste, Träume und, ja, Ihren Körper. Manchmal mag es sich so anfühlen, als würden diese Teile nicht ganz zusammenpassen. Vielleicht haben Sie den Druck verspürt, sich nur auf bestimmte Aspekte zu konzentrieren, z. B. wie Sie im Spiegel aussehen, und den Rest beiseite zu schieben. Aber das ist einfach nicht das vollständige Bild dessen, was Sie sind, nicht wahr? Bei der Integration des ganzen Selbst geht es darum, jeden einzelnen Teil anzuerkennen und wertzuschätzen, einschließlich der Art und Weise, wie du dein körperliches Selbst wahrnimmst und ausdrückst.

Die Sache ist die, dass die Mainstream-Kultur oft das Scheinwerferlicht auf das körperliche Erscheinungsbild richtet, richtig? Und obwohl es zu 100 % unsere Aufgabe ist, unseren Körper zu feiern, sollte dies nicht den Rest unserer erstaunlichen Qualitäten überschatten. Wir reden hier von Kreativität, Intelligenz, Mitgefühl - was auch immer es sein mag! Du bist eine fantastische Mischung aus so vielen Elementen, und das zu erkennen ist, als ob man das lang vermisste Puzzleteil unter dem Sofakissen findet. Plötzlich passt alles viel besser zusammen.

Wie beginnt man also diesen Prozess? Es ist eine Sache, zu sagen: "Integriere alles!", aber eine andere, es tatsächlich zu tun. Es beginnt mit der Selbstreflexion. Nehmen Sie sich Zeit, um alle Ihre Eigenschaften - abgesehen von den körperlichen - zu erkennen. Schreiben Sie sie sogar auf, und bewundern Sie diese Liste, die nur Ihnen eigen ist. Seien wir ehrlich, wir könnten alle ein wenig mehr Zeit damit verbringen, unsere nicht-körperlichen Eigenschaften zu erkennen, die uns zu dem machen, was wir sind.

Betrachten Sie auch die Macht der Achtsamkeit. Sie ist mehr als nur ein Schlagwort - sie ist ein Schlüssel zu einem tieferen Verständnis unserer selbst. Durch Praktiken wie Meditation oder einfaches stilles Sitzen mit unseren Gedanken können wir beginnen, die inneren Abläufe unseres Geistes zu erkennen. Das stärkt unser geistiges und emotionales Fundament und festigt unser Selbstverständnis jenseits des Körpers.

Es ist wichtig zu erkennen, welche Rolle Emotionen dabei spielen. Unsere Gefühle gegenüber unserem Körper sind wie das Wetter - ständig wechselnd, manchmal stürmisch und manchmal klar. Indem wir unsere Emotionen integrieren, geben wir uns selbst die Erlaubnis zu fühlen, ohne zu urteilen. Wenn Sie einen Tag mit geringem Selbstwertgefühl haben, ist das in Ordnung. Erinnern Sie sich daran, dass Sie nicht nur der Sturm sind, sondern das gesamte Klima, mit so viel Variabilität und Potenzial für Erneuerung.

Nun wollen wir uns klar machen: Integrieren bedeutet nicht, immer perfekt oder glücklich zu sein. Es geht darum, das Unordentliche, das Unvollständige und das Menschliche zu akzeptieren. Es geht darum, anzuerkennen, dass dein Körper an manchen Tagen ein Tempel ist und an anderen Tagen ein Ort, der sich ein wenig kaputt anfühlt. Und das ist in Ordnung, denn es ist alles Teil deiner Geschichte.

Apropos Geschichte: Jeder Mensch hat seine eigene Geschichte, vollgepackt mit Triumphen und Drangsalen. Diese Geschichten zu teilen, kann zutiefst heilsam sein und Verbindungen und Gemeinschaft schaffen. Wenn Sie sich öffnen und von Ihrem Weg erzählen, werden Sie vielleicht überrascht sein, wie viele Menschen ähnliche Erfahrungen gemacht haben. Diese Verbundenheit ist für unser kollektives Wachstum von entscheidender Bedeutung und unterstützt unser Bestreben, die Gesamtheit dessen, was wir sind, zu bestätigen.

Ein Wort zum Gleichgewicht: Bei der Integration des ganzen Selbst geht es auch darum, das Gleichgewicht zu finden. Es geht darum, zu wissen, wann man seinen Körper mit Bewegung oder Ruhe nährt und wann man seinen Geist mit Herausforderungen und Entspannung stimuliert. Es geht darum zu verstehen, wann Sie Ihren Geist mit Freude aufblühen lassen und wann Sie ihn mit Selbstbeobachtung erden.

Sie sehen also, es geht nicht nur darum, Ihr Spiegelbild zu betrachten, ohne zusammenzuzucken, obwohl das ein wunderbarer Anfang ist. Es geht darum, sich selbst als ein facettenreiches Wesen zu betrachten, das Liebe und Respekt in allen Formen verdient. Wenn Sie eine Trennung spüren, z. B. wenn negative Körpergedanken auftauchen, nutzen Sie dies als Gelegenheit, um nach innerer Harmonie zu suchen.

Wir bauen auf der Idee auf, dass die Integration unseres ganzen Selbst zu einer widerstandsfähigeren und positiveren Lebenseinstellung führt. Wenn Ihre Identität nicht nur an Ihren Körper gebunden ist, nimmt das den Druck von Ihnen. Sie können beginnen, das Leben in HD zu erleben, nicht nur in den Dimensionen, die Sie zu priorisieren gelernt haben.

Und diese Integration - sie ist dynamisch. So wie Sie wachsen und sich entwickeln, wird sich auch Ihre Beziehung zu sich selbst verändern. Lassen Sie sich also auf das Auf und Ab ein; gedeihen Sie in dem Wissen, dass Sie eine Mischung aus grenzenlosen Eigenschaften sind. In dieser Vielfalt eine Einheit zu finden, ist eine Ode an Ihre Komplexität als menschliches Wesen.

Schließlich ist Ihr Körper ein außergewöhnliches Gefäß, das es Ihnen ermöglicht, mit der Welt in Kontakt zu treten, aber denken Sie daran, dass er nicht das Einzige ist, was Sie ausmacht. Sie sind eine Sinfonie aus Gedanken, Gefühlen, Handlungen und Erfahrungen, die eine einzigartige Melodie ergeben. Singen Sie sie laut und mit Stolz, denn während die Welt versuchen mag, Sie durch eine einzige Melodie zu definieren, sind Sie ein ganzes Meisterwerk.

Empfinden Sie die Integration des ganzen Selbst als einen Akt der Rebellion gegen eine Gesellschaft, die die Oberfläche über die Substanz stellt. Es ist eine Bestätigung dafür, dass du mehr bist als dein Körper. Du bist die Träume, die du träumst, die Liebe, die du teilst, das Lachen, das aus deinem Bauch hervorsprudelt, und die Tränen, die du vergießt - all das ist wichtig. Lass also den Spiegel einen Teil von dir reflektieren, während du den ganzen strahlenden Kosmos feierst, der du bist.

Der nächste Schritt? Das Leben jenseits der Oberfläche, das wir weiter erforschen werden. Aber im Moment können Sie stolz auf die Arbeit sein, die Sie leisten, indem Sie jeden Teil Ihres phänomenalen Selbst integrieren. Erinnere dich daran, dass diese Arbeit nicht linear verläuft; es ist eine Spirale, in der du zu dir selbst zurückkehrst, jedes Mal tiefer und voller. Lernen Sie weiter, lieben Sie weiter und leben Sie lebendig - es geht Ihnen mehr als nur gut; Sie sind absolut strahlend in Ihrer Gesamtheit.

Jenseits der Oberfläche leben - ein Konzept, das uns dazu auffordert, tiefer zu ergründen, wer wir sind und was wir schätzen. Aber was bedeutet es wirklich? Um hinter der Oberfläche zu leben, müssen wir die Tiefen unserer Persönlichkeit erkennen, die weit unter die Haut reichen. Wir sind nicht einfach nur Reflexionen in einem Spiegel; wir sind komplexe, wirbelnde Galaxien von Gedanken, Emotionen, Bestrebungen und seelenvollen Melodien, die unsere einzigartige Existenz besingen.

Haben Sie schon einmal den Satz gehört: "Es ist das, was im Inneren ist, was zählt"? Nun, es könnte nicht wahrer sein. Das Gewicht unseres Charakters, die Stärke unseres Geistes, die Leidenschaft in unserem Herzen - diese inneren Attribute definieren uns weitaus deutlicher, als es jedes körperliche Merkmal jemals könnte. Das ist nicht nur eine wohltuende Plattitüde, sondern die absolute Wahrheit. Und es ist eine Wahrheit, die wir mit weit geöffneten Armen annehmen müssen.

Nun nehmen wir uns einen Moment Zeit, um darüber nachzudenken, was Sie ausmacht, Sie selbst. Ist es die Kurve Ihres Lächelns, der Glanz Ihrer Augen oder ist es die Art, wie Sie lachen, die Freundlichkeit, die Sie anderen entgegenbringen, und das Feuer, das entfacht wird, wenn Sie über die Dinge sprechen, die Sie lieben? Indem Sie den Fokus vom Äußeren auf den funkelnden Reichtum Ihrer inneren Welt verlagern, fangen Sie an, die unglaubliche Person zu schätzen, die Sie sind.

So oft wird uns gesagt, dass unser Aussehen die einzige Eintrittskarte zu Akzeptanz und Erfolg ist. Aber wissen Sie was? Auch das ist ein Märchen, das uns schon viel zu lange erzählt wird. Hinter der Oberfläche zu leben bedeutet, diese Vorstellung in Frage zu stellen und zu erkennen, dass unser Wert nicht auf dem Markt der Ästhetik zu verkaufen ist.

Lassen Sie uns einen kurzen Blick in die Geschichte werfen. Unzählige Menschen, die die Welt nachhaltig geprägt haben, wurden nicht für ihr Aussehen verehrt, sondern für ihr Handeln, ihre Ideen, ihren Mut. Ihr Vermächtnis ist der Beweis dafür, dass Schönheit vergänglich ist, aber Brillanz? Sie ist ewig. Lassen Sie das auf sich wirken, denn es ist so real, wie es nur sein kann.

Wir alle haben eine Geschichte, und sie besteht aus so viel mehr als nur aus unserer äußeren Erscheinung. Die Kapitel unseres Lebens sind gefüllt mit unseren Erfahrungen, unseren Träumen, unseren Siegen und sogar unseren Stolpersteinen. Ein Leben jenseits der Oberfläche ermutigt uns, diese Seiten mit Stolz umzublättern, weil wir wissen, dass unsere Geschichte einzigartig ist und es wert ist, im Rampenlicht zu stehen.

Stellen Sie sich eine Welt vor, in der Ihr Selbstwertgefühl nicht von der Waage oder dem Größenetikett an Ihrer Jeans abhängt. Diese Realität beginnt, wenn wir uns entscheiden, dass unser Wert nicht verhandelbar ist und nicht von einer Zahl oder einem Spiegelbild bestimmt wird. Das ist der Moment, in dem wir verstehen, dass wir bereits genug sind, so wie wir in diesem Moment sind.

Authentizität ist anziehend, und wenn Sie anfangen, hinter der Oberfläche zu leben, strahlen Sie eine Authentizität aus, die andere anzieht. Es ist befreiend, sich so zu zeigen, wie man wirklich ist, unmaskiert und ungefiltert, und zu wissen, dass die richtigen Leute sich von Ihrem wahren Wesen angezogen fühlen werden.

Wie wäre es, wenn Sie den Erfolg nach Ihren eigenen Bedingungen definieren würden? Sie müssen nicht danach streben, in eine Form zu passen, die Ihnen fremd oder unerreichbar erscheint, um erfolgreich zu sein. Echter Erfolg blüht auf, wenn Sie Ihr Leben mit Ihren Leidenschaften und Werten in Einklang bringen, und nicht, wenn Sie sich verkleinern, um in die Vorstellung von Perfektion zu passen, die jemand anderes hat.

Es ist erwähnenswert, dass unser Körper Respekt und Fürsorge verdient, aber von einem liebevollen und nährenden Standpunkt aus. Treiben Sie Sport, weil Sie sich gerne stark und energiegeladen fühlen, essen Sie nahrhafte Lebensmittel, die Ihnen das Gefühl geben, lebendig zu sein, und ruhen Sie sich aus, weil Ihr Körper das wunderschöne Gefäß ist, das Sie durch dieses Leben trägt. Wenn du anfängst, für dein Wohlbefinden zu leben und nicht für die ästhetische Bestätigung, ehrst du deinen Körper auf die tiefgreifendste Art und Weise, die möglich ist.

Wahre Verbindungen mit anderen entstehen aus einer tiefen Ebene des Verständnisses und gemeinsamen Erfahrungen. Wenn wir uns dafür entscheiden, verletzlich zu sein, unsere Geschichten und unser wahres Ich mitzuteilen, knüpfen wir Beziehungen, die auf viel mehr beruhen als nur auf dem Aussehen oder oberflächlichem Charme. Diese Beziehungen sind es, die wir mit uns tragen, die den Test der Zeit bestehen und die uns in unserem Wachstum unterstützen.

Erinnern Sie sich daran, dass Sie für jemanden ein Grund zum Lächeln sind, für jemanden eine Quelle des Trostes, für jemanden ein Leuchtfeuer der Hoffnung. Die Schönheit, die Sie in die Welt bringen, wird nicht durch Ihre Taille oder Ihren Muskeltonus verkörpert - nein, sie wird durch Ihr Lachen, Ihre ermutigenden Worte und Ihre freundlichen Taten ausgestrahlt.

Im großen Wandteppich des Lebens geht es beim Leben jenseits der Oberfläche darum, ein reichhaltiges Muster aus verschiedenen Fäden zu weben - Erfahrungen, Beziehungen, Errungenschaften und ja, auch die Herausforderungen. Es bedeutet zu verstehen, dass manchmal die faszinierendsten Geschichten diejenigen sind, die man nicht einfach sehen kann, sondern mit dem Herzen fühlen muss.

Vergessen Sie also auf dieser Reise nicht, unter die Wellen der Oberflächlichkeit zu tauchen. Tauche ein in die Tiefen deines Wesens, wo die wahren Schätze liegen. Erinnere dich daran, dass du ein Meisterwerk bist, das gerade entsteht, eine Konstellation, die hell leuchtet, eine Geschichte, die über jeden Spiegel und jede Oberfläche hinausgeht.

Und wenn du dich darauf einlässt, jenseits der Oberfläche zu leben, sei dir bewusst, dass du in eine Macht eintrittst, die ihresgleichen sucht - die Macht, dich selbst zu definieren, dich heftig zu lieben und dir einen Platz in dieser Welt zu schaffen, wo deine Seele, nicht nur dein Körper, als das Kunstwerk gesehen und gefeiert wird, das sie wirklich ist.

Kapitel 13: Über den Blick des Spiegels hinaus

Wir haben ein Reich der Reflexionen durchquert und die Wahrnehmungen und Mythen in Frage gestellt, die lange Zeit unser Selbstbild bestimmt haben. Wenn Sie an diesem Punkt stehen und über den Blick des Spiegels hinausblicken, geht es nicht nur darum, was Sie sehen, sondern auch darum, was Sie fühlen. Sie haben ein tieferes Verständnis entwickelt, ein Mitgefühl, das tiefer reicht als die Oberfläche.

Es kann gar nicht hoch genug eingeschätzt werden, wie revolutionär es ist, seinen Körper mit Freundlichkeit zu umarmen, nachdem man mit Botschaften bombardiert wurde, die einem das Gegenteil nahelegen. Auf dieser Reise geht es nicht nur darum, schädliche Normen abzulehnen; es ist ein ständiger Prozess des Lernens, sich selbst zu lieben und zu akzeptieren in einer Welt, die uns oft sagt, dass wir nicht genug sind. Aber wissen Sie was? Du bist mehr als genug, so wie du bist.

Lassen wir den Spiegel hinter uns, in dem das Spiegelbild nur ein kleiner Teil deiner Geschichte ist. Dein Wert geht unendlich weit über das hinaus, was man in einer Glasscheibe sehen kann. Die Wahrheit ist, dass jeder von uns ein komplexes Gewebe ist, das aus unseren Erfahrungen, Träumen, Talenten und der Liebe, die wir geben und empfangen, gewebt ist.

Es ist leicht zu vergessen, dass unser Körper außergewöhnlich ist. Er trägt uns durch die Höhen und Tiefen des Lebens, passt sich den

Herausforderungen an, denen wir uns stellen, und birgt die Fähigkeit zu Freude, Liebe und Heilung. Dein Körper ist mit jedem Atemzug, jedem Herzschlag ein Zeugnis für die unglaubliche Zähigkeit und Schönheit des Lebens.

Wenn du von diesem Punkt aus weitermachst, solltest du wissen, dass Body Positivity nicht nur ein Trend ist, sondern eine Rebellion gegen ein System, das von unseren Selbstzweifeln profitiert. Jedes Mal, wenn Sie sich selbst Liebe entgegenbringen, ist das ein Akt der Revolution. Es ist eine Bestätigung, dass du wertvoll bist, nicht wegen deines Aussehens, sondern wegen des unermesslichen Wertes, den du in dir trägst.

Nimm die Momente des Selbstzweifels als Gelegenheit zum Wachstum an. Wenn das alte Band mit den negativen Selbstgesprächen in Ihrem Kopf abzuspielen versucht, drücken Sie auf Stopp. Ersetzen Sie diese Gedanken durch die Wahrheit, die Sie entdeckt haben: dass Sie Mitgefühl verdienen und dass Body Shaming keinen Platz in Ihrem Leben hat.

Ermutigen Sie die Menschen in Ihrem Umfeld, sich dieser wunderbaren Entwicklung der Selbstakzeptanz anzuschließen. Erzählen Sie Ihre Geschichte, hören Sie sich deren Geschichte an, und bauen Sie sich gegenseitig auf. Wir sind gemeinsam dabei und schmieden Allianzen und sichere Räume, in denen wir alle aufblühen können.

Nähren Sie Ihren Körper, aber vergessen Sie nicht, auch Ihre Seele zu nähren. Finden Sie Freude an der Bewegung, Genuss an der Nahrung und Frieden in der Stille und denken Sie daran, dass ein ausgeglichenes Leben so viel mehr umfasst als nur Äußerlichkeiten.

Die Mythen über Diäten und das Körperbild zu zerstören, ist nur der Anfang. Ihre wahre Kraft liegt darin, authentisch zu leben, die Vielfalt der Körper zu feiern und Ihre eigene, einzigartige Reise anzunehmen. Erkennen Sie, dass Gesundheit in allen Größen vorkommt und dass der Respekt vor Ihrem Körper bedeutet, ihn so zu pflegen, wie es sich für Sie richtig anfühlt.

Wenn Sie die Seite nach diesem Kapitel umblättern und in den Rest Ihres Lebens gehen, lassen Sie dies Ihr Mantra sein: "Ich bin genug." Lassen Sie es durch jede Entscheidung, jede Herausforderung und jeden Triumph widerhallen. Lassen Sie sich davon bestärken in den Zeiten, in denen die Gesellschaft blind zu sein scheint für die Schönheit der Vielfalt und des ungezügelten Selbstausdrucks.

Und so ist der Schluss nicht wirklich ein Ende, sondern eine Tür zu einem neuen Anfang. Es ist eine Einladung, lebendig zu leben, heftig zu lieben und sich für die Sache der Körperfreundlichkeit einzusetzen, indem man einfach man selbst ist. Lasst uns über den Blick des Spiegels hinausgehen und die Geschichte neu schreiben - eine, in der jeder Körper gefeiert wird, die Geschichte jeder Person gehört wird und radikale Selbstliebe überhaupt nicht radikal ist; sie ist einfach die Art, wie wir leben.

Erinnert euch daran, dass es bei Schönheit nicht darum geht, in eine Form zu passen; es geht darum, sich von ihr zu befreien. Definieren Sie sie jeden Tag neu, mit Ihrem Lachen, Ihrer Freundlichkeit, Ihrem Mut und Ihrer unerschütterlichen Entschlossenheit, den Wert in sich selbst und in anderen zu sehen.

Wenn wir dieses Kapitel abschließen, sollten Sie wissen, dass Sie eine Welt betreten, die reicher ist, weil es Sie darin gibt. Eine Welt, in der der Spiegel nicht nur einen Körper, sondern eine Seele reflektiert; nicht nur ein Gesicht, sondern eine Geschichte; und nicht nur ein Bild, sondern ein ganzes, facettenreiches Individuum, das jenseits des Blicks, jenseits des Urteils, jenseits des Oberflächlichen ist.

So gehen Sie weiter mit Liebe in Ihrem Herzen, Feuer in Ihrem Geist und einem tiefen Gefühl von Stolz auf Ihre Reise. Du gehst nicht nur über den Blick des Spiegels hinaus, sondern setzt den Grundstein für eine Bewegung, in der Selbstliebe kein Ziel ist, sondern ein Weg, den wir jeden Tag gemeinsam gehen.

Anhang A:
Anhang

So, hier sind wir nun und atmen auf den letzten Seiten unserer gemeinsamen Reise tief durch. Wenn dieser Text Sie durch die Höhen und Tiefen der Selbstliebe begleitet hat, dann wissen Sie, dass dieser Anhang Ihr Rüstzeug für den vor Ihnen liegenden Weg ist - eine liebevolle Umarmung, die Sie weiterbringt.

Ressourcen für Unterstützung und weiterführende Lektüre

Zunächst sollten wir darüber sprechen, wo Sie Unterstützung finden oder tiefer in die Themen eintauchen können, die wir erforscht haben. Sie sind nicht allein auf diesem Weg, und es gibt eine Vielzahl von Ressourcen, die Ihnen helfen oder Ihre Perspektive erweitern können.

- Wenn Sie sich einmal nicht weiter wissen oder allein sind, denken Sie daran, dass es eine große Gemeinschaft gibt, die Ihnen zur Seite steht. Sie können Online-Foren, lokale Selbsthilfegruppen und sogar Social-Media-Accounts finden, die sich mit Körperwahrnehmung und Selbstakzeptanz beschäftigen.
- Wollen Sie mehr wissen? Bibliotheken und Buchläden sind wahre Fundgruben für Lesestoff, der Einblicke in Körperbewusstsein, psychische Gesundheit und achtsame Ernährung bietet. Je mehr Sie wissen, desto besser sind Sie

gerüstet, um Ihren eigenen Weg zu radikaler Selbstliebe zu gehen.

- Wenn die digitale Welt mehr Ihr Ding ist, gibt es ein endloses Angebot an Websites, Podcasts und Blogs, die die vielen Schichten und Nuancen unserer Beziehung zu unserem Körper erforschen.

Nun, es ist toll, all diese Ressourcen zu haben, aber lassen Sie uns auch auf die praktischen Dinge konzentrieren, nicht wahr?

Aktivitäten zur Reflexion und Selbstfürsorge

Erinnern Sie sich daran, dass die Pflege Ihres Geistes genauso wichtig ist wie die Pflege Ihres Körpers. Hier sind ein paar Aktivitäten und Überlegungen, die Sie in Ihre Routine einbauen können:

1. Journalismus kann ein mächtiges Werkzeug sein. Es ist ein sicherer Raum, in dem Sie sich ohne Bewertung ausdrücken können. Ob es sich um tägliche Affirmationen, Dankbarkeitslisten oder frei fließende Gedanken handelt, lassen Sie Ihren Stift Ihnen helfen, Klarheit und Frieden zu finden.

2. Haben Sie schon einmal Achtsamkeit oder Meditation ausprobiert? Diese Praktiken können Ihre Seele beruhigen und Ihnen helfen, einen zentrierten Ansatz der Selbstliebe zu bewahren. Probieren Sie es aus - es kann so einfach sein, wie jeden Tag ein paar Minuten in stiller Besinnung zu verbringen.

3. Erinnern Sie sich daran, Ihren Körper so zu bewegen, dass er sich freudig und befreiend anfühlt, nicht strafend. Tanzen Sie, als ob niemand zuschaut, strecken Sie sich, um den Himmel zu berühren, oder machen Sie einen friedlichen Spaziergang. Es geht darum, die Bewegung Ihres Körpers zu zelebrieren, und nicht darum, ihn an den verbrannten Kalorien zu messen.

Wir wissen, dass Veränderungen nicht einfach sind und dass es schwer sein kann, alte Gewohnheiten abzulegen. Aber wissen Sie was? Sie haben das hier freigeschaltet. Und warum? Weil Sie die ersten Schritte gemacht haben, und darauf können Sie stolz sein. Du hast dich einer Bewegung angeschlossen, bei der es darum geht, sich von den Ketten der gesellschaftlichen Erwartungen zu befreien und dich selbst zu lieben, so wie du bist.

Fülle deinen Werkzeuggürtel mit diesen Aktivitäten, Ressourcen und deinem unermüdlichen Mut, weiterzumachen. Deine Geschichte ist einzigartig, und deine Reise zur Selbstliebe gehört dir allein. Blättern Sie also weiter durch die Seiten des Lebens, mit Freundlichkeit zu sich selbst und einem Geist der Widerstandsfähigkeit. Dein Körper ist die beste Geschichte, die du je erzählen wirst, und glaub mir, sie ist ein Bestseller.

Ressourcen für Unterstützung und weiterführende Lektüre

Es kann sich wie eine intensive Reise anfühlen, sich in der Landschaft der Körperpositivität zurechtzufinden und sich von der Körperscham zu lösen. Sie müssen sich nicht nur mit Ihren eigenen Überlegungen auseinandersetzen, sondern sich auch gegen eine Flut von gesellschaftlichem Druck und wenig hilfreichen Mythen wehren. Wohin also wenden Sie sich, wenn Sie eine Orientierungshilfe oder einen Anker im Sturm brauchen? Lassen Sie uns in eine Fülle von Quellen eintauchen, die sowohl Unterstützung als auch tiefere Einblicke in die Welt der Körperfreundlichkeit und Selbstliebe bieten können.

Wenn Sie auf der Suche nach persönlichen Geschichten sind, die mit Ihren eigenen übereinstimmen, können Memoiren und Autobiografien von Menschen, die den Weg der Körperakzeptanz gegangen sind, eine wahre Fundgrube sein. Sie erzählen von ihren Kämpfen und Siegen, ihren dunkelsten Momenten und ihren hellsten Erleuchtungen. Wenn Sie über den Weg eines anderen Menschen lesen, fühlen Sie sich nicht so allein und erhalten einen Wegweiser für Ihre eigene Heilung.

Wer eine Mischung aus Forschung und Erzählung mag, sollte nach Büchern suchen, die sich mit der Psychologie hinter dem Körperbild und der Selbstwahrnehmung befassen. Diese Werke bieten oft praktische, wissenschaftlich fundierte Ratschläge, die Ihnen helfen zu verstehen, warum Sie Ihren Körper so empfinden, wie Sie ihn empfinden, und welche Schritte Sie unternehmen können, um diese Gedanken und Gefühle zu ändern.

Dokumentarfilme und -serien zeichnen ebenfalls ein eindrucksvolles Bild der Body-Positivity-Bewegung. Sie können Einblicke in das reale Leben von Menschen auf der ganzen Welt geben und zeigen, dass Fragen des Körperbildes sowohl einzigartig als auch universell sind. Wenn Sie sich diese Geschichten ansehen, finden Sie vielleicht Teile von sich selbst wieder.

Podcasts können Sie unterwegs begleiten, sie können Sie ermutigen und aufklären, während Sie Ihren Alltag bewältigen. Sie eignen sich perfekt für Momente, in denen Sie eine Aufmunterung oder eine neue Perspektive während des Pendelns oder des Trainings brauchen. Der intime Charakter von Podcasts vermittelt das Gefühl, dass man Teil eines Gesprächs ist, dass man gemeinsam mit den Gastgebern und ihren Gästen dabei ist.

Soziale Medien, die oft für ihre negativen Auswirkungen auf das Körperbild kritisiert werden, können auch ein Instrument für das Gute sein. Es gibt zahllose Befürworter eines positiven Körperbildes und Influencer, die ihre Plattformen nutzen, um Botschaften der Selbstliebe und Akzeptanz zu verbreiten. Wenn Sie diesen Konten folgen, können Sie Ihren Feed mit Positivität füllen und sich daran erinnern, dass jeder Körper ein guter Körper ist.

Online-Foren und -Communitys sind hervorragend geeignet, um Ihren Stamm zu finden - Menschen, die sich auf demselben Weg zur Körperakzeptanz befinden. Diese virtuellen Räume können ein offenes Ohr, Ermutigung und gemeinsame Erfahrungen bieten. Sie können Sie daran erinnern, dass Ihre Kämpfe und Triumphe von vielen anderen geteilt werden.

Therapie- und Beratungsdienste, insbesondere solche, die sich auf Körperbild- und Essstörungen spezialisiert haben, können persönliche Beratung anbieten. Ein Fachmann kann mit Ihnen unter vier Augen Strategien entwickeln, die auf Ihre individuellen Bedürfnisse zugeschnitten sind und Ihnen helfen, eine gesündere Beziehung zu Ihrem Körper und Ihrem Essen aufzubauen.

Workshops, Seminare und Webinare sind ebenfalls wertvoll, da sie direktes Lernen und interaktive Erfahrungen bieten. Hier können Sie andere Menschen treffen, die Ihre Ziele teilen, neue Techniken erlernen und Ihr Verständnis von Body Positivity in einer unterstützenden Umgebung vertiefen.

Non-Profit-Organisationen, die sich auf Body Positivity und die Genesung von Essstörungen konzentrieren, können Drehscheiben für Informationen und Unterstützung sein. Viele von ihnen bieten kostenlose Ressourcen, Selbsthilfegruppen und Unterstützungsprogramme an. Sie stehen oft an vorderster Front, wenn es darum geht, den gesellschaftlichen Wandel voranzutreiben, und können Ihnen Möglichkeiten bieten, sich zu engagieren und etwas zu bewirken.

Wenn Sie gerne visuell lernen oder einfach nur die Kunst schätzen, können Galerien und Kunstprojekte, die die Vielfalt des Körpers zelebrieren, Sie inspirieren und zu neuen Sichtweisen auf die menschliche Gestalt anregen. Manchmal hilft es, die Schönheit in all ihren verschiedenen Formen und Ausprägungen zu sehen, um sie auch in sich selbst zu erkennen.

Akademische und Fachzeitschriften, auch wenn sie etwas formeller sind, können die neuesten Forschungen und Erkenntnisse zu Fragen des Körperbildes bieten. Für diejenigen, die sich eingehend mit den wissenschaftlichen und soziologischen Hintergründen von Body Positivity befassen wollen, sind diese Quellen von unschätzbarem Wert.

Magazine und Blogs, die sich dem Thema widmen, können ebenfalls aufschlussreich sein und bieten oft leichter zugängliche Ansichten über Forschung und persönliche Geschichten. Auf diesen Plattformen können Sie sich über aktuelle Trends und Diskussionen innerhalb der Body-Positivity-Community auf dem Laufenden halten.

Schließlich können Apps, die sich auf Achtsamkeit, Selbstfürsorge und Meditation konzentrieren, ein wichtiger Bestandteil Ihres Werkzeugkastens sein. Sie können Sie durch Stressmomente führen, Ihnen dabei helfen, Dankbarkeit für Ihren Körper zu kultivieren und Ihr allgemeines mentales Wohlbefinden zu verbessern.

Die Fülle an Ressourcen, die Ihnen zur Verfügung stehen, ist riesig, und Erkundung ist der Schlüssel. Finden Sie heraus, was mit Ihrer Seele in Einklang steht und Sie auf Ihrer Reise voranbringt. Denken Sie daran, dass jede Ressource, die Sie anzapfen, ein Schritt auf dem Weg zu einer stärkeren, positiveren Sicht auf sich selbst und zu einem Leben ist, in dem jeder Reflexion mit Freundlichkeit begegnet wird.

Und damit sind Sie mit einem Leitfaden ausgestattet, der Sie durch die ständig wachsende Landschaft der Unterstützung führt. Machen Sie sich diese Werkzeuge zu eigen und lassen Sie sie den Weg zu einem Leben erhellen, das von Selbstliebe, Akzeptanz und dem unerschütterlichen Glauben geprägt ist, dass Sie ohne Zweifel genug sind, so wie Sie sind.

Reflexion und Aktivitäten zur Selbstfürsorge sind mehr als nur Schlagworte oder trendige Hashtags. Es geht darum, eine liebevolle und nährende Beziehung zu sich selbst aufzubauen, in der das eigene Wohlbefinden im Mittelpunkt steht. Nachdem wir in die tieferen Schichten der Auswirkungen des Körperbildes auf unser Leben eingetaucht sind, ist es an der Zeit, sich auf Möglichkeiten zu konzentrieren, wie wir Selbstfürsorgepraktiken fördern können, die mit unseren einzigartigen Erfahrungen und persönlichen Erzählungen übereinstimmen.

Stellen Sie sich Selbstfürsorge als einen gesunden Dialog mit sich selbst vor; sie fördert die Akzeptanz und lässt Ihre Liebe zu der Person wachsen, die Sie jeden Tag im Spiegel sehen. Aber denken Sie daran: Selbstfürsorge ist keine Einheitsgröße für alle. Es ist eine individuelle und sich entwickelnde Praxis, die körperliches, emotionales und spirituelles Wohlbefinden umfasst.

Beginnen Sie damit, ein Reflexionstagebuch anzulegen. Darin können Sie Ihre Gedanken, Gefühle und Beobachtungen über Ihren Körper und Ihren Weg zum Ausdruck bringen. Schreiben kann therapeutisch sein; es ist eine Möglichkeit, Ihre Erfahrungen und Gefühle zu bestätigen, ohne sie zu bewerten. Wenn Sie den Stift zu Papier bringen, erzählen Sie nicht nur Ihre Geschichte, sondern machen sie sich zu eigen.

Meditation kann ebenfalls ein wirksames Mittel der Selbstfürsorge sein. Es geht darum, Stille zu finden und in das hineinzuatmen, was Sie fühlen, ohne den Drang, etwas zu reparieren oder zu ändern. Selbst wenn Sie sich nur fünf Minuten am Tag Zeit zum Meditieren nehmen, können Sie Ihre Körperwahrnehmung verbessern und Ihre Gedanken im gegenwärtigen Moment verankern.

Achtsamkeitsspaziergänge sind eine weitere hervorragende Methode, um mit Ihrem Körper in Kontakt zu treten. Achten Sie beim Gehen auf Ihre Umgebung, den Rhythmus Ihrer Schritte und das

Gefühl der Erde unter Ihren Füßen. Es ist eine sanfte Erinnerung daran, dass Ihr Körper ein Teil von etwas viel Größerem ist als die Ängste, die oft unseren Verstand vernebeln.

Entwickeln Sie Affirmationen, die auf positive, liebevolle Weise zu Ihnen und Ihrem Körper sprechen. Eine Affirmation wie "Ich lerne, meinen Körper, so wie er ist, zu lieben und zu respektieren" kann die Art und Weise, wie Sie über sich selbst denken, verändern. Wenn Sie diese positiven Aussagen wiederholen, kann sich Ihr innerer Dialog langsam von einer kritischen zu einer mitfühlenden Haltung wandeln.

Probieren Sie verschiedene Formen der Bewegung Ihres Körpers aus, und achten Sie darauf, wie Sie sich dabei fühlen. Ob Yoga, Tanzen oder Dehnen - diese Aktivitäten können Ihnen helfen, eine gesunde Beziehung zu Ihrem Körper aufzubauen, indem Sie sich auf das konzentrieren, was er kann, und nicht darauf, wie er aussieht.

Bringen Sie Ihre Kreativität durch Kunst, Musik oder Schreiben zum Ausdruck. Auf diese Weise können Sie Ihre Gefühle für Ihren Körper erforschen und auf eine Weise ausdrücken, die auf andere Weise schwer zu vermitteln wäre. Sie können auch Ihr Selbstwertgefühl stärken, da Sie ein greifbares Produkt Ihrer Kreativität erhalten, das Sie bewundern und auf das Sie stolz sein können.

Ein wichtiges Element der Selbstfürsorge ist es, Ihren Körper mit Lebensmitteln zu versorgen, die Sie genießen und mit denen Sie sich wohl fühlen. Dabei geht es nicht um Einschränkungen oder Diäten, sondern um Ausgewogenheit und darum, sich auf die Bedürfnisse Ihres Körpers einzustellen. Vertrauen Sie darauf, dass Ihr Körper weiß, was er braucht, um zu gedeihen, und erlauben Sie sich, das Essen zu genießen.

Gönnen Sie sich ausreichend Schlaf. Ruhe ist nicht nur für Ihren Körper wichtig, sondern auch für Ihre geistige Gesundheit. Ihr Ziel sollte es sein, Bedingungen für den Schlaf zu schaffen, die sich einladend und erholsam anfühlen. Gute Schlafhygiene ist ein wichtiger Aspekt der Selbstfürsorge, der in unserem hektischen Leben oft übersehen wird.

Verbinden Sie sich mit der Natur. Der Aufenthalt im Freien rückt die Dinge ins rechte Licht und kann die Stimmung und das Körpergefühl deutlich verbessern. Die Zeit, die Sie draußen verbringen, sei es bei einer Wanderung, einem Spaziergang im Park oder einfach an einem Gewässer, kann Ihnen helfen, sich verwurzelt und mit der Welt um Sie herum verbunden zu fühlen.

Finden Sie unterstützende Gemeinschaften oder Freundschaften, die Ihr Wachstum und Ihre Akzeptanz fördern. Das sind Menschen, die Sie über Ihr Äußeres hinaus sehen und Sie für das schätzen, was Sie wirklich sind. Lassen Sie sich von diesen Beziehungen dabei helfen, Ihre Selbstwahrnehmung auf eine Weise neu zu definieren, die Sie ermutigt und stärkt.

Praktizieren Sie jeden Tag Dankbarkeit für Ihren Körper. Vielleicht ist es Ihre Kraft, Ihre Gesundheit oder einfach die Art und Weise, wie Ihr Körper es Ihnen ermöglicht, am Leben teilzunehmen. Wenn Sie sich diese Aspekte ins Gedächtnis rufen, kann das dazu beitragen, dass Sie Ihren Körper allmählich anders wahrnehmen, was zu positiveren Gefühlen ihm gegenüber führt.

Schließlich sollten Sie daran denken, dass Selbstfürsorge ein fortlaufender Prozess ist. Es ist wichtig, dass Sie sich regelmäßig selbst überprüfen, Ihre Praktiken nach Bedarf anpassen und vor allem geduldig und behutsam mit sich selbst sind. Fortschritte werden in kleinen Schritten erzielt, die sich im Laufe der Zeit anhäufen, und jeder Schritt verdient Anerkennung.

Die hier erwähnten Aktivitäten und Praktiken sind nur ein Ausgangspunkt. Finden Sie heraus, was Ihnen ein gutes Gefühl in

Ihrer eigenen Haut gibt. Machen Sie diese Aktivitäten zur Selbstfürsorge zu einem Teil Ihrer Routine, und beobachten Sie, wie sie Ihnen helfen, eine tiefere, liebevollere Beziehung zu Ihrem Körper zu entwickeln. Jeder kleine Akt der Fürsorge ist ein Schritt in Richtung der Umarmung der Schönheit dessen, was Sie sind.

www.ingramcontent.com/pod-product-compliance
Lightning Source LLC
LaVergne TN
LVHW060556061026
849523LV00002B/563